रामकृष्ण परमहंस का बचपन

रामकृष्ण परमहंस का बचपन

राजेन्द्र मोहन भटनागर

वाणी प्रकाशन

वाणी प्रकाशन

4695, 21-ए, दरियागंज, नयी दिल्ली 110 002

फ़ोन : +91 11 23273167 फ़ैक्स : +91 11 23275710

शाखाएँ

अशोक राजपथ, पटना 800 004, बिहार

कॉफ़ी हाउस कैम्पस, महात्मा गांधी मार्ग, इलाहाबाद 211 001, उत्तर प्रदेश

महात्मा गांधी अन्तरराष्ट्रीय हिन्दी विश्वविद्यालय, वर्धा 442 001, महाराष्ट्र

www.vaniprakashan.com
marketing@vaniprakashan.in
sales@vaniprakashan.in

Ramkrishna Paramhans Ka Bachpan
by Rajendra Mohan Bhatnagar

ISBN : 978-93-5229-861-7
Biography

प्रथम संस्करण 2022

मूल्य : ₹ 150

आर. टेक ऑफ़सेट प्रिंटर्स, दिल्ली-110 032 में मुद्रित

वाणी प्रकाशन का लोगो मक़बूल फ़िदा हुसेन की कूची से

‘‘पण्डित खुदीराम चट्टोपाध्याय जी,... उपाध्याय जी।’’ बाहर से किसी ने आवाज़ लगाई।

‘‘कौन आ गया सुबह-सुबह?’’ मन-ही-मन बड़बड़ाता खुदीराम चट्टोपाध्याय बाहर आता। वह पूछता।

‘‘पण्डित चट्टोपाध्याय जी से मिलना है।’’

‘‘कहिए, वह मैं ही हूँ।’’

‘‘मैं विमल मुखोपाध्याय हूँ। गंगा पार से आया हूँ, पण्डित जी।’’ कहकर उसने झुककर पण्डित जी के पाँव छुए।

‘‘अरे...अरे, यह क्या करते हो?’’ खुदीराम चट्टोपाध्याय ने पाँव पीछे खींचना चाहा, परन्तु वह खींच नहीं पाए। वह कहने लगे, ‘‘मतलब की बात कहो। मेरा पूजा का समय हो रहा है।’’

‘‘आपके मुँह में घी शक्कर, पण्डित जी। आपका आशीर्वाद फल गया।’’ विमल मुखोपाध्याय ने कहा।

खुदीराम चट्टोपाध्याय उसका मुँह देखता रह गया। उसे कुछ याद नहीं आ रहा था। उसका सारा ध्यान अपनी पूजा पर था।

विमल मुखोपाध्याय ने एक पैकेट आगे बढ़ाते हुए कहा, ''यह श्रद्धा-सुमन स्वीकार कीजिए।''

''परन्तु क्यों?''

''आपके आशीर्वाद से पाँच लड़कियों के बाद लड़का हुआ है।''

''इससे मेरे आशीर्वाद का कुछ लेना-देना नहीं है। मैं तो हर एक को उसकी चाह सुनकर वही आशीर्वाद दे देता हूँ।'' खुदीराम चट्टोपाध्याय ने सहज में कह डाला।

''ख़ैर, जो भी कुछ हो।'' कहकर वह पैकिट उसे थमा गया।

वह अन्दर लौटे तो पण्डितानी ने कहा, ''जो उलटी-सुलटी बातें क्यों करने लगते हो?''

''क्या उलटी-सुलटी बातें, भाग्यवान, गदाधर की माँ, चन्द्रमणि देवी। वही क़हता हूँ जो सच है। दूसरे का भ्रम मिटाता हूँ।''

''पहले अपना अर्थ-भ्रम मिटा लो।'' पैकेट खोलकर देखते हुए वह कहती, ''आपके लिए कुरता धोती। मिठाई। ऊपर से पाँच रुपल्ली। ...जय लक्ष्मी माता। सुबह-सुबह आपके यहाँ आने के लिए।''

''कान खोलकर सुन ले। इसमें रत्ती भर भी सच नहीं है।''

''झूठ भी नहीं है, पण्डित देवता। उसकी श्रद्धा। उसमें सच-झूठ बीच में कहाँ से टपक पड़ा।'' कह चन्द्रमणि देवी अन्दर चली गयी।

‘‘पण्डिताइन, तुझे कितनी बार समझा चुका हूँ। ...तू आधी रात के बाद मुझे मत जगाया कर।’’ खुदीराम चट्टोपाध्याय ने आँख मलते हुए कहा।

‘‘यह तुम्हारी सौग़ात है—गदाधर। आधी रात बाद बड़ी-बड़ी आँखें खोल कर मुझे जगाता है।’’ चन्द्रमणि देवी कहती। मुझ से इशारों में बातें करने लगता है।

‘‘तो मैं क्या करूँ? किसे जगाऊँ?...जब वह नहीं आया था... तब?’’

‘‘तब क्या झूठ कहती थी।’’

‘‘वह पेट में पैर चलाता था। ...उसमें मैं क्या करूँ। ...दूध पछोलता था। ...फिर दूध से भी कट्टी करने लगा।’’ खुदीराम चट्टोपाध्याय ताना देते।

‘‘तुम उसके बालों पर हाथ फेरते हुए यह कहने से

नहीं चूकते हो ...गदाधर के एकदम काले, घुँघराले, चिकने बाल हैं। ...तुम्हारा चश्मा खींच लेता है। ...बड़ा प्यारा है। ऐसा अपनी तीन सन्तानों में कोई नहीं था।''

''कहता था। कहता रहूँगा। पर तेरे पेट में दर्द क्यों? बेटा मेरा भी है। ज़रा लाड़ लड़ाकर ख़ुश हो लेता हूँ।'' खुदीराम चट्टोपाध्याय धीरे-धीरे कहता।

''एक बार में लाड़ लड़ाना काफ़ी नहीं है क्या?''

''क्या करूँ, गदाधर की माँ। सच यह है। वह जाते-जाते मुझे बुला लेता है। यों बार-बार लाड़ लड़ाने आना पड़ता है।'' खुदीराम चट्टोपाध्याय मुस्कराता हुआ कहता।

''मुझे अच्छा लगता है ...पिता-पुत्र का यह रिश्ता। ...शायद तुमने अपने पहले पुत्र राजकुमार को भी ऐसा प्यार कभी नहीं किया।'' चन्द्रमणि देवी आँख झपका कर कह जाती।

'इसलिए तू आधी रात के बाद मुझे जगाकर शिकायत करती है। ...दूध पीते-पीते बदमाश कट्टी करने लगा है।'' खुदीराम चट्टोपाध्याय अँगड़ाई तोड़ते कह जाता।

''नहीं जी। पाजी की शिकायत नहीं करती। जा में भी मुझे सुख मिलता है। पगला कहीं भी दूध पीकर छक जाने पर करता है। शैतान ...ऊपर से किलकारी मार कर हँसता भी है।''

‘‘तुमने स्तनपान से पिण्ड छुड़ाने के लिए कितने ही टोटके किये ...कभी नीम पीस कर लगाया।’’ खुदीराम चट्टोपाध्याय याद दिलाता।

‘‘स्याना कहीं का। ...अपने छोटे-छोटे हाथ से पिसा हुआ नीम हटा-पोंछकर, पीने लगता। छक जाने पर ज़ोर से कट्टी करने लगता। मैं उसे समझाती। वह मुस्कराने लगता। उसके दो दूध के दाँत चमकने लगते। ...क्या करूँ! माँ होने का यह सुख अनमोल है।’’ चन्द्रमणि देवी सुना देती।

‘‘अच्छा बाबा, गदाधर की माँ ...अब वह भी सो गया है। तू भी सो जा, मुझे भी सो जाने दे।’’ खुदीराम चट्टोपाध्याय इतना कह कर चादर ओढ़ लेता। करवट लेकर सोने लगता।

चन्द्रमणि देवी गदाधर को अपने से चिपटा लेती। वह गहरी नींद में होता।

अब गदाधर पाँवों चलने लगा। घुटने के बल एक बार भी नहीं चला। सीधे खड़ा हुआ। दीवार या खटिया पकड़कर चलने लगा। कभी गिरा भी नहीं। न कभी चन्द्रमणि को उसके पीछे भागना पड़ा। वह चाहती थी कि वह छोटे-छोटे पाँवों से भागे, जबकि उसके हर बच्चे ने उसके साथ किया था।

उस दिन दोपहर थी। घर में चन्द्रमणि और गदाधर दो ही थे। चन्द्रमणि ने पूछा, "मेरे प्यारे-प्यारे लाड़ले, तू मुझे अपनी ओर आता देख भागता क्यों नहीं है?"

"तू गिर न पड़े, माँ।"

चन्द्रमणि पगला गयी। उसका इतना ध्यान। ...वह भी इतनी छोटी उम्र में।

"नहीं बेटे, मैं गिरूँगी नहीं। ...तूने कभी मुझे गिरते देखा है क्या?" चन्द्रमणि पूछती।

''नहीं, माँ ...कभी नहीं।''

''फिर तू ऐसा क्यों सोचता है, बेटे?'' चन्द्रमणि पूछती।

''आप ही तो कहती हैं माँ। तू भागता नहीं। ...भागा तो गिर जायेगा।'' गदाधर बताता।

चन्द्रमणि को यह सुनकर प्यार आ गया। उसने उसे अपने पास खींचकर प्यार किया। फिर रसोई की ओर चल पड़ी।

दिन आगे बढ़ते गये। एक दिन—वह भी दोपहर के समय। घर में कोई नहीं था। चन्द्रमणि रसोई में थी।

किसी काम से बाहर आयी। उसने देखा कि गदाधर चुपचाप दीवार चाट रहा है। वह धीमे-धीमे कदमों से उसके पीछे आ खड़ी हुई। प्यार से उसके कन्धे थपथपाए। फिर उसने पूछा, ''यह क्या हो रहा है?''

''कुछ नहीं, माँ।''

''तुम दीवार चाट रहे थे।''

''कहाँ माँ? ...दीवार कहाँ है, माँ।''

''चोरी और सीना जोरी।...'' चन्द्रमणि दीवार को छूते हुए पूछती, ''ये दीवार नहीं है तो क्या है?''

''ये दीवार है तो फिर वह क्या थी?'' गदाधर कहता।

''कौन, क्या थी, मेरे लाडले?'' चन्द्रमणि ऊपरी हवा, जादू-टोने आदि में विश्वास करती थी। वह घबरा गयी।

"आप, माँ।"

"मैं!" साश्चर्य गदाधर की ओर देखते हुए। आगे चन्द्रमणि सोच गयी। वह अवश्य चुड़ैल होगी।

"हाँ, माँ, आप, माँ।"

"नहीं, बेटे, मैं तो बहुत देर से रसोई में थी। वहीं से बाहर आयी हूँ। ...तूने क्या देखा।

गदाधर भी सोच में पड़ गया। फिर उसने सँभलकर कहा, "आपने मुझे उँगली के इशारे से अपने पास बुलाया।"

चन्द्रमणि ने अचरज से दोहराया, ''मैंने, तुम्हें अपने पास बुलाया।''

''हाँ, माँ।''

अवश्य वह भूतनी होगी या चुड़ैल। ...हो ऊपर की हवा भी हो सकती है। उसने पूछा, ''फिर, बेटे?''

''मुझसे कह। ''चाटो, बेटे।''

''ऐसा भी कहा।''

''हाँ, माँ।''

''आने दो उन्हें?''

''किसे?''

''तेरे पिता जी को और किसे? ...मन-ही-मन बड़बड़ाते हुए... वे भूत-पिशाच, प्रेत-प्रेतनी, चुड़ैल-भूतनी और ऊपरी हवा को कहाँ मानते हैं।

''लीजिए, मैं आ गया। द्वार पर खड़े-खड़े मैंने माँ-बेटे का संवाद भी सुन लिया। ...अब बोलो, आगे क्या करना है?''

''झाड़ा लगवाने ले जाना होगा, पण्डित जी।'' चन्द्रमणि ने ताने के स्वर में कहा।

''पण्डिताइन, तू अच्छी तरह जानती है।'' खुदीराम चट्टोपाध्याय ने दृढ़ता से कहा।

''यह बात अपने बच्चे की है। दूसरों को कहने-समझाने की नहीं है।'' चन्द्रमणि गम्भीर होकर कहती।

''तू यह भी जानती है ...न मैं किसी को बहकाता हूँ और न झूठ बोलता हूँ। मेरा मन अपना-पराया रत्ती भर भी नहीं मानता है। जो है, वह सच है। वह सच जिसे मैं अपने पर लागूकर सकता हूँ।'' खुदीराम चट्टोपाध्याय ने भी गम्भीर होकर कहा।

तब तक वहाँ से गदाधर बाहर जा चुका था।

''लेकिन मैं तो... ।''

"पण्डिताइन, गदाधर लड़का मेरा भी है। मुझे भी वह तुझसे कम प्यारा नहीं है। सत्य सबके लिए समान है।"

"उसने मुझे दीवार में कैसे देखा? मैं दीवार में कैसे आ गई। ...अपना गदाधर भी झूठ नहीं बोलता। इसलिए ...आपसे विनती करती हूँ।" चन्द्रमणि का स्वर काँप रहा था।

"सब कहते-सुनते हैं। साधु, सन्त, योगी, भगत सब कहते हैं, गदाधर की ममतामयी माँ। ...भगवान कण-कण में बसते हैं।" खुदीराम चट्टोपाध्याय समझाते।

"बसते होंगे। लेकिन मैंने ऐसा नहीं देखा।"

"यह देखने का नहीं, गदाधर की माँ, यह अनुभव करने का विषय है। बड़ी तप-तपस्या करने पर भी किसी-किसी को अनुभव होता है।" खुदीराम चट्टोपाध्याय ने कहना जारी रखा, "गदाधर ने इस छोटी-सी उम्र में वह अनुभव कर लिया जो...।"

"उस बात को छोड़ो।"

"जो बड़े-बड़े तपस्वी को नहीं होता।"

"दीवार चाटना।"

"नहीं, दीवार में देवी माँ के दर्शन करना। उसको सुनना।" खुदीराम चट्टोपाध्याय ने समझाने की चेष्टा की।

"मेरी कुछ समझ में नहीं आता। आगे आप जानें, आपका काम जाने।" कहती हुई चन्द्रमणि उठकर चली गई।

खुदीराम चट्टोपाध्याय सोचता रहा। भगवान इस लड़के से क्या कराना चाहते हैं। यह वही जानें।

आज तक वह किसी निर्णय तक नहीं पहुँच पाये। इस सम्बन्ध में जन्मपत्री भी सुयोग्य ज्योतिषियों को दिखलायी। उन सबकी लगभग एक राय थी। उसके सम्बन्ध में अभी कुछ कहना ठीक नहीं है। उसे आगे बढ़ने दो। ...और परिवर्तन होने दो। उसमें होने वाले परिवर्तन पर ध्यान रखो।

समय बढ़ता गया। कार्तिक शुक्ल (अक्टूबर) आ गया। गोवर्द्धन पूजा थी उस दिन। समय सुबह का था।

चन्द्रमणि बाहर आयी। वह चौंक पड़ी। गदाधर के हाथ में माटी थी। वह माटी मुँह में रखने ही वाला था। चन्द्रमणि वहीं से चिल्लायी, ‘‘ना रे, गदाधर माटी नहीं खानी। रुक जा मैं आती हूँ।’’

गदाधर रुक गया। तब तक चन्द्रमणि गदाधर के पास में आ चुकी थी। वह पूछ रही थी, ‘‘हाथ में माटी क्यों ली है?’’

‘‘आपने ही अभी कहा था।’’

‘‘मैंने ...मैं तो अभी-अभी अन्दर से आ रही हूँ, गदाधर।’’

‘‘आप ही मुझे हाथ पकड़ कर यहाँ तक लेकर आयी हो, माँ।’’ गदाधर ने भोलेपन से कहा।

‘‘मैं लायी हूँ क्या?’’

"हाँ, माँ, हाँ। आप मुझे लेकर यहाँ तक आयी हो।" गदाधर ने वही बात दोहरा दी। एकदम आसानी से।

"क्या कुछ कहा भी था मैंने?"

"आपको याद नहीं है क्या?" गदाधर ने प्रश्न किया।

"नहीं। ...तू बता दे।" चन्द्रमणि ने चकित होते हुए पूछा।

"आपने कहा था, माँ। ...गदाधर, ये माटी उठा। माथे से लगा।"

"और आगे भी कुछ कहा था क्या मैंने?" चन्द्रमणि ने पूछा।

"हाँ, कहा था।"

"मैंने क्या कहा था, गदाधर?"

"यही ...यह सोनार माटी है।" गदाधर ने कहा।

"और कुछ भी कहा था क्या?" चन्द्रमणि अपने आप में खोयी हुई पूछ रही थी। वह सोच भी रही थी। गदाधर यह सब नहीं जानता। न जो कुछ बोल रहा था। न उसका अर्थ उसे मालूम था। उसमें कोई और बोले जा रहा था। उसके चेहरे-मोहरे के हाव-भाव से भी कुछ पता नहीं चल रहा था। कारण वह तो पहले जैसा ही था। सामान्य।

"हाँ माँ, कहा था। आपने ही कहा था।" गदाधर सहज कह गया।

"क्या मेरे पुत्र? क्या कहा था?" चन्द्रमणि पूछ रही थी। लगातार उसके चेहरे की ओर देखे जा रही थी।

“यह कहा था। थोड़ी-सी यह माटी चख-खा ले। इससे तेरी देह का रंग सोने जैसा चमकने लगेगा।” गदाधर शान्ति से कह गया।

चन्द्रमणि ने उसे अपने पास खींच लिया। छाती से लगा कर मन-ही-मन कहा, “आल बाल ऊपर की हवाएँ सातों, हो जाएँ एकदम छूमन्तर। काली कलकत्ते वाली दे, दे ऐसा वरदान। ...रक्षा कवच माँ।” गदाधर का हाथ थामे अन्दर चली आयी। उसे अपने हाथ से कलेवा कराया।

दोपहर बाद। खुदीराम के खाना खाकर आराम करने के बाद चन्द्रमणि ने आज की सारी घटनाएँ सुना दीं।

खुदीराम ने चन्द्रमणि की ओर देखा। चन्द्रमणि का चेहरा डरा हुआ था।

खुदीराम की सोच-समझ थकी-माँदी सुस्ता रही थी।

धीरे-धीरे खुदीराम को ज्योतिषी पण्डित शरद का कथन स्मरण हो आया था। उसने सावधान किया था। गदाधर विलक्षण (अनूठा) बालक है। ऐसी कई घटनाएँ हो सकती हैं, जो सुनी-देखी नहीं होंगी। तब भी शान्त रहना। डरना-घबराना नहीं। केवल तटस्थ बने रहना। उसे अपने चित्त पर नहीं लाना।

यह सोचकर खुदीराम सँभल गया। वह अपने को सामान्य बनाकर बोला, "गदाधर की माँ मैं इस सम्बन्ध में कई प्रसिद्ध पण्डित और ज्योतिष के माने हुए ज्ञाताओं से बातकर चुका हूँ। उनका कहना है। भगवान लीलाधारी हैं। उनकी लीलाएँ एक से बढ़कर एक हैं। वे कौन-सी लीला करने जा रहे हैं? इसे कोई नहीं जानता।"

"पर यह तो गज़ब हो गया। तब मैं अन्दर थी। गदाधर बाहर था। तो भी यही कह रहा मैं उसके साथ थी। उससे कहती जा रही थी।"

“हाँ, गदाधर की माँ, यही तो लीलाधर का अनूठा चरित्र है। वे एक जगह नहीं हैं। वे कण-कण में हैं। ...तू उसकी चिन्ता छोड़। शान्त रह। केवल देखती जा।”

“देख तो रही हूँ, स्वामी। परन्तु कहाँ तक देखूँ। देखने की भी एक सीमा है।” चन्द्रमणि उदास मन से कहती, “माँ की ममता ओस की चादर जैसी होती है।...” अकेली घर में पड़ी रहती हूँ। ...अपने बच्चे पर आयी बला को कैसे देखती रहूँ? मैं पत्थर की मूर्ति बनी भी तो नहीं रह सकती।”

“आगे ईश्वर की इच्छा। जो होगा, वही जाने। अपन साधारण लोग हैं। इससे ज़्यादे कुछ नहीं।” कह कर खुदीराम उठ खड़े हुए। कुरता पहनते कहते रहे, “दीपचन्द सेठ इन्तज़ार कर रहा होगा। तू अपना और लाडले का ध्यान रखना।

खुदीराम के जाने के बाद चन्द्रमणि ने देखा। गदाधर स्वप्न देख रहा है। स्वप्न में वह हाथ जोड़कर बड़बड़ा रहा था। वह कह रहा था, “माते, मुझ पर कृपा करो। मुझसे भूल-चूक से कोई ग़लती हो गयी हो तो क्षमा करना।”

चन्द्रमणि घबरा उठी। गदाधर के पास आयी। उसने उसकी छाती पर से हाथ हटाया। फिर राम राम भजा। फिर वह नहीं बड़बड़ाया। गहरी नींद में समा गया।

समय बदला। गदाधर की पट्टी पूजने का समय आ गया। सरकण्डे की क़लम बना दी गयी। बुदका को खड़िया घोलकर तैयार कर दिया। पट्टी भी घोंटें से घुटी हुई एकदम चमकदार थी।

शिक्षक ने मन्त्र पढ़े। गदाधर की उँगलियों में, बीच से चिरी क़लम पकड़वायी। उससे लिखने की विधि बतायी। फिर हाथ पकड़ कर एक अक्षर लिखवाया। तब सबने पुष्प वर्षा के साथ तालियाँ बजायीं।

शिक्षक को दक्षिणा दी। गदाधर ने सब गुरुओं के चरण छुए। उनका आशीर्वाद लिया।

शिक्षक चौंका। पट्टी पर खड़िया से लिखा हुआ था—ओम शिवाय नमः।

शिक्षक ने इधर-उधर देखा। आख़िर में पूछा, "रामकृष्ण, यह किसने लिखा है?"

पाठशाला में पहली बार गदाधर का नाम लिखा गया था—रामकृष्ण। स्वयं यह नाम गदाधर को नहीं मालूम था। इस कारण गदाधर चौंका। उसने इधर-उधर देखा। जानना चाहा कि रामकृष्ण कौन है?

शिक्षक समझ गया। घर में भी कभी किसी ने उसे रामकृष्ण नाम से नहीं पुकारा था। इस कारण गदाधर चक्कर खा गया।

शिक्षक ने समझाया, "गदाधर, मैं तुम्हीं से पूछ रहा हूँ। याद रखो, तुम्हारा घर में पुकारे जाने वाला नाम गदाधर है। पाठशाला में पुकारे जाने वाला नाम रामकृष्ण है। उसके माता-पिता को भी शिक्षक ने

समझाया कि वे भी अब से गदाधर का परिचय सबको रामकृष्ण से कराएँ। वे स्वयं भी इसी नाम से पुकारने का भरसक प्रयास करें।''

गदाधर को रामकृष्ण बनने से बहुत प्रसन्नता हो रही थी। वह मन-ही-मन रामकृष्ण का कई बार जाप कर चुका था।

शिक्षक ने पुनः पूछा, ''रामकृष्ण तुम बताओ। ओम नमः शिवाय किसने लिखा?''

''गुरुजी, मैंने।''

"तुमने, रामकृष्ण। ...तुमने तो कलम भी पहली बार पकड़ी है। फिर कैसे लिखा?"

खुदीराम, चन्द्रमणि, रामकुमार आदि सभी चमके। किसी को यह विश्वास नहीं हुआ। सब चकित थे।

रामकृष्ण ने बिना पट्टी की ओर देखे। ज़मीन पर अँगूठे के पास वाली उँगली से तुरन्त लिख डाला—ओम नमः शिवाय ।"

"पढ़ सकते हो?"

"गा भी सकता हूँ।" रामकृष्ण ने कहा।

"गाओ।"

रामकृष्ण ने धीरे-धीरे आँखें बन्द कीं। रामकृष्ण बालक का चमकदार लाली लिए गोरा रंग महक रहा था। चौड़ा ललाट, कुछ-कुछ उठा हुआ दमक रहा था। एकदम नव मेघ से चिकने काले सिर के बाल, लाल-लाल होंठ। उन पर प्यारी-सी मुस्कान। पलास के पुष्प-सी कपोलों पर खिलती लाली। आँखें गहरी, चंचल दीप ज्योति-सा करती प्रकाश।

सफ़ेद रंग की नयी धोती, नया कुरता पहने अत्यन्त आकर्षक एवं सौन्दर्यशील लग रहा था रामकृष्ण।

धीरे-धीरे रामकृष्ण ने गुनगुनाना प्रारम्भ किया। फिर मधुर कण्ठ का जादू चारों ओर सिर चढ़कर बोलने लगा। वह गा उठा :

ओम शिवाय नमो नमः
ओम शिवाय नमो नमः
हैं सबके दीनानाथ
शिव शंकर भोलानाथ
  ओम शिवाय नमो नमः
हैं दुखियों के भगवान
कष्ट हर, करते कल्यान
  ओम शिवाय नमो नमः
दे सबको अभयदान
तत्पर देते वरदान
  ओम शिवाय नमो नमः

वाह! वाह! इस उम्र में इतना ज्ञान। कोकिल कण्ठ। मंगलमय ध्यान।

''कहाँ से सीखा है, रामकृष्ण? किसने सिखाया है? कौन गुरु है वह?'' शिक्षक पूछ रहा था।

रामकृष्ण मौन धारण किये इधर-उधर देखने लगा।

''...बेटे डरो नहीं। झिझको नहीं। सच-सच बता दो।'' खुदीराम ने साहस बढ़ाया।

वास्तव में रामकृष्ण को कुछ भी पता नहीं था। न जो गाया था। उसे उसका अर्थ आता था। यहाँ तक शिव, शंकर भोलेनाथ, अभयदान आदि के बारे में उसे कुछ नहीं मालूम था।

''बताओ, रामकृष्ण, यहाँ सब जानने के इच्छुक हैं।'' शिक्षक का स्वर था।

रामकुमार समझता था। उसे भी अचरज हो रहा था।

रामकृष्ण को न कोई झिझक थी और न रुकावट। उसने ध्यान लगाया। सारा चित्र सामने आ गया।

रामकृष्ण कहने लगा, ''हमारे घर के पास, पिछवाड़े में एक वट वृक्ष है। उसके सामने चबूतरा है। वहाँ एक साधु रोज़ आकर बैठता था।

अचानक वह गा-नाच उठता था। मुझे भी वह गीत याद हो गया। ...बस। ...धरती पर वह ओम शिवाय नमो नमः लिखता था।

उसके चले जाने पर हाथ फेर कर, मैं सामने लिखने लगा।'' रामकृष्ण ने बताया।

''तुम्हें मालूम था क्या? जो लिखा है, वह ओम शिवाय नमो नमः है?'' शिक्षक ने पूछा।

''नहीं।'' रामकृष्ण ने कहा।

''फिर तुमने उसके बाद नाचने का भी प्रयास किया होगा।'' शिक्षक का प्रश्न था।

"हाँ, किया। उसके जाने के बाद मैं नाचने लगा।"

"क्यों?"

"उससे बहुत आनन्द मिलता था। पसीना बहता था। सुधबुध नहीं रहती थी।" रामकृष्ण में जोश पैदा हो गया। वह बोल पड़ा, "नाचूँ क्या?"

"हाँ ...हाँ नाचो।" कई स्वर फूट पड़े।

खुदीराम, चन्द्रमणि, रामकुमार आदि के साथ सब चकित थे।

रामकृष्ण खड़ा हुआ। नाचने के लिए जगह बनायी। फिर धरती पर थपकी दी। उसका शरीर हिला-डुला। धीरे-धीरे अंग संचालन शुरू हुआ। देखते-देखते रामकृष्ण नाच में ऐसा डूबा कि उसे अपना चेत ही नहीं रहा। वह नाचमय हो उठा। मानो उसके साथ सारा वातावरण नाच उठा हो।

नाच जैसे थमा, वैसे ही सबने ज़ोरदार तालियाँ बजायीं। सबमें हर्ष की लहर दौड़ गयी।

यों रामकृष्ण की पट्टी पुज गयी। मिठाई बँट गयी। दोनों (पत्तों से बना कटोरीनुमा बरतन) में।

शिक्षक ने कहा, "हमें साक्षात् शिवजी मिल गए। अब बाल रूप में शिव का चरित्र साकार होगा। अब यात्रा गान में शिव की भूमिका रामकृष्ण निभाया करेगा। आनन्द आ जायेगा।"

इसके साथ सब उठ खड़े हुए। चल पड़े।

बंगाल प्रान्त। उसका लगभग एक सौ घर का गाँव। अनपहचाना-सा। वहाँ धान की अच्छी खेती होती थी। पर प्रायः खेत छोटे थे। तालाब भी थे। वर्षा अच्छी हो जाती थी। फिर भी आमदनी अच्छी नहीं होती थी। जैसे-तैसे गुज़ारा हो जाता था। वहाँ अन्य धन्धों का टोटा था। प्रायः रोज़गार के लिए शहर जाना पड़ता था।

यहाँ रहते थे खुदीराम चट्टोपाध्याय और उनका परिवार। यहीं 18 फ़रवरी, 1836 को उनकी चौथी सन्तान गदाधर (रामकृष्ण) का जन्म हुआ था। तब एक ज़मींदार की झूठी गवाही न देने से वह आर्थिक संकट में आ गया। साठ पार उम्र थी उसकी। मानसिक तनाव के कारण चिन्तित रहने लगा था।

खुदीराम का बड़ा लड़का रामकुमार भी पढ़ रहा था। खेत-खलिहान देख रहा था। वह घर के काम-काज निबटाने में भी मदद कर रहा था।

उधर, रामकृष्ण का पढ़ाई में मन कम लगता। उसका नाम पाठशाला से भागने वालों लड़कों में सबसे ऊपर था।

चन्द्रमणि के मन में यह बात स्थायी रूप से जम चुकी थी। उन्होंने स्वप्न में देखा था कि उनके उदर (पेट) में एक देवता ने प्रवेश किया था। उसी के बाद वह गर्भवती हो गयी थी। रामकृष्ण उसी का परिणाम है। फिर वह पाठशाला से भागता क्यों है? देवता भागते नहीं हैं। वे गहन गम्भीर होते हैं। रामकृष्ण तो नटखट है अपनी क्लास का अगुवा है। उसके साथी उसकी बात भी मानते हैं।

उस दिन शरद चटर्जी ने रामकृष्ण का पीछा किया। वह जानना चाहते थे कि रामकृष्ण भागता क्यों है? भागकर जाता कहाँ है? क्या करता है। वह मनोवैज्ञानिक थे।

शरद चटर्जी इमली के पेड़ की आड़ में छिप गए। रामकृष्ण की गतिविधियाँ देखने लगे।

रामकृष्ण ने चम्पा के फूलों की टहनी से मुकुट बनाया। त्रिभंगी मुद्रा में खड़े हुए। फिर गायों को वन में चरने छोड़ने के लिए हाथ हिलाकर हुर्र हुर्र किया। अपने होंठों से गायों के गले में बँधी घण्टियों की आवाज़ निकाली। गाय चरने चली गयीं। तब बाँसुरी के स्वर होंठों से निकले। नाक से भी धुन निकली ...राधा गोविन्द हरे, हरे गोविन्द राधे।

बहुत देर मुँह से बाँसुरी की धुन निकालता रहा। उसमें डूबा खोया रहा।

तब शरद चटर्जी इमली के पेड़ की ओटक से बाहर आये। रामकृष्ण के सामने आकर उसे पुकारा।

रामकृष्ण ने चौंककर आँखें खोलीं। शरद चटर्जी को देखकर सकपका गया। उन्होंने पूछा, ''रामकृष्ण, तुम यहाँ आकर गोप-कृष्ण बनते हो। गायें चराते हो। बाँसुरी बजाते हो। यह सब बहुत अच्छा है। ...लेकिन यह समय पाठशाला में पढ़ने का है। ...एक समय में दो काम नहीं हो सकते।''

''जी, गुरुजी।''

''घर से स्कूल के लिए आते हो। पढ़ने के लिए आते हो।''

''जी, गुरुजी।''

''इस समय स्कूल में पढ़ाई चल रही है और तुम यहाँ हो।''

शरद चटर्जी इतना कह कर रुक गए। रामकृष्ण सोचता रह गया।

''इस तरह तुम क्या अपने माता-पिता को धोखा नहीं दे रहे हो?''

''हाँ, गुरुजी।''

''इस तरह स्कूल को भी धोखा दे रहे हो।''

''हाँ, गुरुजी।''

''धोखा देने से मन में डर समाने लगता है। मन कमज़ोर होता जाता है।''

''जी, गुरुजी।''

''तुम मुझे देखकर सकपकाए। डरे। रंगे हाथों पकड़े गए। अब भी डरे हुए हो। यह सब जानकर स्कूल वाले अब तुम्हारे साथ क्या करेंगे? भगोड़े लड़कों को प्रार्थना सभा में पीछे अलग खड़ा करते हैं।

उनके माता-पिता को सूचना भेजते हैं। उनको स्कूल में बुलाते हैं।'' शरद चटर्जी समझाते।

''हाँ, गुरुजी।'' रामकृष्ण डरता हुआ कहता। सोचता, अब कैसी किरकिरी होगी उसकी? यह सब क्या हो रहा है? क्यों हो रहा है?''

''याद रहे, एक झूठ एक सौ एक झूठ को जन्म देता है। हीन भावना की उपज इसी कारण होती है।''

रामकृष्ण का चेहरा उतर गया। उसने ऐसा कभी सोचा ही नहीं था। वह अन्दर-ही-अन्दर काँपने लगा।

मैं देख-समझ रहा हूँ। तुम घबरा रहे हो। रंगे हाथों पकड़े गये हो। अपने साथ धेनु (गाय) चराते, बाँसुरी बजाते, मोर मुकुटधारी मुकुट पहने तुम उनकी भी किरकिरी कर रहे हो। क्या सोच रहे होंगे असली कृष्ण भगवान? कैसा लड़का है वह?''

''हैं! कृष्ण भगवान भी ...मैं उनका भी अपराधी हूँ। ...तो ... यह उसने क्या कर डाला? ...हे भगवान...।'' रामकृष्ण बेतरह घबरा गया। उसके हाथ से टहनी की बाँसुरी छूट गयी। उसने मुकुट भी उतार लिया।

''घबराओ नहीं, रामकृष्ण। मैं तुम्हें दण्ड दिलाना नहीं चाहता। न तुम्हें लज्जित होते देखना चाहता हूँ। आगे से तुम ऐसा नहीं करना। नहीं तुम्हारे चहेते कृष्ण, स्कूल और माता-पिता सब तुम से नाराज़ हो जायेंगे। क्या तुम ऐसा करना चाहोगे, रामकृष्ण?''

''नहीं, गुरुजी, कभी नहीं।'' रामकृष्ण के हाथ अपने आप जुड़ गये।

''तुम अच्छा अभिनय कर लेते हो। मुँह से घण्टियाँ बजा लेते हो। बिना बाँसुरी के स्वर निकाल लेते हो। तुम्हारा स्वर कोयल जैसी मिठास लिए मधुर है। तुम में संगीत और वाद्य कौशल एक साथ हैं। तुम्हारा भविष्य बहुत उज्ज्वल है।'' शरद चटर्जी ने अन्त में कहा, ''चुपचाप, बिना डरे, बिना झेंपे मेरे साथ आओ। छुट्टी की घण्टी बज रही है। अपना बस्ता उठाओ और सीधे घर जाओ।''

रामकृष्ण छह वर्ष का हो गया था। बहुत सुन्दर लगता था। मनमौजी हो गया था। लड़कियों के सौन्दर्य को मात देता था। वे उसके सौन्दर्य पर मुग्ध थीं। इतनी छोटी उम्र में वह भाव लोक में विचरण करने लगा था। अपने आपको भूल जाता था।

उस दिन बरसात हो चुकी थी। कई दिनों से धरती तपती रही थी। हलकी वर्षा से सोनार माटी की सोनी सुगन्ध मन को मोह रही थी।

प्रातःकाल रामकृष्ण घर से निकल कर वह धानों के खेतों की ओर बढ़ता चला गया। धान लहलहा रहे थे।

रामकृष्ण के हाथ में एक छोटी-सी थैली थी। उस थैली में चिवड़े थे। वह चिवड़े खाता आगे बढ़ता जा रहा था। मन-ही-मन झूम रहा था।

रामकृष्ण ने अचानक आकाश की ओर देखा। चौंका। फिर से आकाश में घटाएँ घिर आयीं। सूरज छिप-सा गया। अन्धेरा उछल

आया। उसे वर्षा होने के आसार स्पष्ट दिखलायी देने लगे। पूरब की ओर से धीमी गति से ठण्डी हवा चल पड़ी।

रामकृष्ण ने चिवड़े की फाँकी ली। हथेली झाड़ दी। चिवड़े की गन्ध बहक गयी।

रामकृष्ण ने घिर आये काले बादलों की परवाह नहीं की। वर्षा होती हो तो हो। उसे उसकी चिन्ता नहीं थी।

तभी पेड़ से गिरा नारियल सामने आ गया। वह रुका। उसने नारियल उठाया। पास पड़े पत्थर से उसमें छेद किया। नारियल पानी पिया। फिर आगे बढ़े गया। पीछे नहीं लौटा।

ठीक इसी समय दुधिया रंग के सारसौ की टोली रामकृष्ण के ऊपर से गुज़र गयी। वह हैरानी से उन्हें देखता रह गया। उसे लगा कि झुक आए बादलों के बीच से सारस की टोली गुज़री है।

रामकृष्ण इस दृश्य से ऐसा अभिभूत हुआ कि चक्कर खाकर ज़मीन पर गिर पड़ा। चेतना खो बैठा।

पता नहीं रामकृष्ण कब तक अचेत ज़मीन पर पड़ा रहा। किसी राहगीर को उस पर दया आयी। उसने उसे गोदी में उठाया। इधर-उधर देखा। किसी आते-जाते व्यक्ति से उसके बारे में पूछा। घर का पता मिलने पर उसे घर में पहुँचा कर वह चला गया।

तब घर में माँ चन्द्रमणि थी। उसने कोई पूछताछ नहीं की। जितना उसे लाने वाला व्यक्ति बता गया, वही उसका सहारा था।

पिता खुदीराम आये। वैद्य को बुलाया, परन्तु कारण अधर में झूलता रहा।

वह तो उस दिन योगी आत्मानन्द उधर आ निकले। वह रामकृष्ण को देखकर कहने लगे, ''बच्चे, कोई हवा-वहा नहीं है। न उस पर किसी ने जादू-टोना किया है।''

''फिर योगीराज?'' खुदीराम ने पूछा। रामकृष्ण के चेहरे और आँखें देखकर योगी ने कहा, ''परमात्मा की अद्‌भुत छवि को अचानक देखकर वह अपने में नहीं रह सका।''

''भगवान-परमात्मा ...को उसने देखा, यह आप कैसे कह सकते हैं?''

''अनुमान से। ...प्रायः ऐसा होता देखा है। सुना है। ...तब परमात्मा की छवि का प्रभाव बताया है। अच्छे-अच्छे योगी, साधु-सन्त उसकी आलौकिक छवि देखकर अपने को नहीं सँभाल पाते हैं। जिसमें वह तो बच्चा है। उसके साथ पहली दफ़े ऐसा हुआ है।'' योगी आत्मानन्द ने सधे हुए स्वर में कहा।

जाते हुए वह समझाते गए, ''घबराएँ नहीं। उस छवि के प्रभाव से मुक्त होकर वह फिर पहले जैसा हो जायेगा।''

योगी आत्मानन्द चला गया। तब चन्द्रमणि ने अपने मन की पीड़ा को व्यक्त करते हुए कहा, ''एक बार मेरी बात भी मान जाओ। झाड़ा लगवा दो। माना कि ...झाड़ा-वाड़ा कुछ नहीं है। पर उससे मन का बहम तो निकल जायेगा।''

खुदीराम कुछ नहीं बोला। वह सोच में उलझ कर रह गया।

इसी बीच रामकृष्ण ने आँखें खोल दीं। उसने अपने चारों ओर देखा। उसकी आँखों में अब भी ख़ुमारी थी।

''कैसे हो, बेटा?''

रामकृष्ण ने चन्द्रमणि को छूकर देखते हुए कहा, ''माँ, मैं यहाँ कैसे आया। मैं तो...।''

''तू तो, बेटा...।'' चन्द्रमणि ने कहा।

''आगे, पुत्र?'' खुदीराम ने पूछा।

''मैं धान के खेत की पगडण्डी से बाहर निकला ही था...।'' याद करते हुए वह इतना ही कह पाया कि आगे मौन रह गया।

''फिर पुत्र?'' खुदीराम ने पूछा।

रामकृष्ण को कुछ याद नहीं आया।

चन्द्रमणि तब तक थाली में रोटी-सब्ज़ी ले आयी। वह बोली, ''सुबह भूखा-प्यासा घर से निकल गया था। अवश्य उसी से उसे चक्कर आ गये। वह गिर पड़ा।''

''मैं गिर पड़ा था क्या?'' रामकृष्ण ने पूछा।

खुदीराम ने उसे सहारा देकर उठाया। फिर कहा, "खाना खिला।"

रामकृष्ण न करता रहा। चन्द्रमणि ने उसकी एक नहीं सुनी। एक टुकड़ा आलू, टमाटर व गाजर की सब्ज़ी से उसे खिला दिया। वह खा गया। फिर माँ से थाली लेकर स्वयं खाने लगा।

तब दोनों को चैन पड़ा। वे दोनों उठा खड़े हुए।

रामकृष्ण आठ वर्ष का हो रहा था। उसमें अनायास पौराणिक कथाएँ जीवन्त होने लगी थीं। वह तालाब के किनारे जाता। तालाब में नीचे हाथ डाल कर मिट्टी निकालता। वह गीली मिट्टी होती। कुछ-कुछ चिकनी भी होती। वह गीली मिट्टी को मुट्ठी दबाकर गोल-गोल करने लगता। ऐसा करने से उसकी हथेलियों को बड़ा आराम मिलता।

तब उसमें हनुमान, कृष्ण, राधा और शिव साकार होने लगते। वह बने हुए गोले को उछालकर लपकता। ऐसा करते हुए मिट्टी के गोले पर उँगली-हथेली और कभी-कभी अँगूठे के निशान उभर आते। वह देर तक गीली मिट्टी में हुए इस परिवर्तन को देखता। अन्दर-ही-अन्दर ख़ुश भी होने लगता।

रामकृष्ण कृष्ण बनाया जा चुका था। शिवरात्रि को उसे शिव भी बनाया गया था। गंगावतरण उसकी नक़ली जटाओं से दिखाया जा

चुका था। कई बार वह राधा बन चुका था। वह ऐसे चरित्रों का अभिनय करते हुए आत्मविभोर हो जाया करता था।

मन्दिर भी यदा-कदा माँ के साथ या अक़ेले भी गया था। वहाँ देर तक उन मूर्तियों को देखता रहता था। उनकी पौराणिक कथाएँ वह सुन चुका था। उनकी मूर्तियाँ और उनसे जुड़े लोकगीत उसे याद हो चुके थे। वह उनको अपनी मधुर आवाज़ में गाने भी लगा था।

कई बार रामकृष्ण ने सोचा। क्यों नहीं वह उनकी मूतियाँ बनाये? पर कैसे? जैसे मूर्तिकार ने मन्दिर में रखीं मूर्तियों को बनाया है। वह भी वैसे ही बनाये।

अब रामकृष्ण में वे मूर्तियाँ साकार होने लगीं। यदा-कदा वे मूर्तियाँ उससे बोलने-बतियाने भी लगी थीं। सबसे पहले गीली मिट्टी से उसने कृष्ण का चेहरा बनाने का प्रयत्न किया। चेहरा कुछ लम्बा बनाया। माथा बनाया। फिर आँखें बनायीं। नाक भी। इसके बाद पतली टहनी पर मिट्टी चुपड़-चुपड़ उनके होंठों पर बाँसुरी रख दी।

इस तरह वह बड़े मनोयोग से शिव, हनुमान, राधा आदि की मूर्तियाँ बनाने लगा। दिन-पर-दिन उन मूर्तियों में आकर्षण बढ़ता गया। वे मूर्तियाँ सजीव हो उठीं। उन पर रंग भी चढ़ाने लगा।

वह अपनी बनायी मूर्तियों को बड़े ध्यान से देखता। उसका मन अपने पर ख़ुश होने लगता।

परन्तु वे भगवान हैं। इस पर उसके मन पर जटिलता छा जाने लगती।

थक-हार कर कभी कबीर के दोहे या पद गुनगुनाते-गुनगुनाते गा उठता। आत्मविभोर हो जाता।

लेकिन क्या वास्तव में कोई भगवान है? भगवान तो उसके यहाँ एक नहीं, अनेक हुए हैं। क्या भगवान की अनुमति के बिना पेड़ का पत्ता भी नहीं हिल सकता? इस प्रश्न में उलझता हुआ वह सुलझ नहीं पाता। थक जाता था।

शरद चटर्जी उसकी मूर्ति कला के प्रशंसक थे। उनको आश्चर्य होता। वह ऐसी सुन्दर और जीती जागती मूर्ति कैसे बना लेता?

शरद चटर्जी पूछते, ‘‘रामकृष्ण, तुम इतनी सुन्दर और प्राणवान मूर्तियाँ कैसे बना लेते हो? और वह भी आँखें बन्द करके?’’

‘‘मैं नहीं जानता, गुरुजी। कभी-कभी लगता कि कोई मुझसे ये सब करवा रहा है?’’

‘‘वह कौन है?’’

‘‘मैं नहीं जानता।’’

‘‘क्या जानने का प्रयत्न करते हो?’’ शरद चटर्जी पूछने लगते।

‘‘नहीं।’’ रामकृष्ण उत्तर देता। उसका भोला चेहरा यथावत् बना रहता।

‘‘तुमने भगवान को देखा है क्या?’’

‘‘नहीं।’’

‘‘फिर बिना देखे ऐसी मूर्तियाँ कैसे बना लेते हो?’’ शरद चटर्जी पूछते।

‘‘मैं नहीं जानता।’’

‘‘फिर भी...।’’

‘‘हाँ, फिर भी ये मूर्तियाँ अपने आप बन जाती हैं। आपको जो मूर्ति पसन्द आयी हो, उसे उठा लीजिए। उससे मुझे प्रसन्नता मिलेगी।’’

शरद चटर्जी ने उनमें से दो मूर्तियाँ उठा लीं।’’

रामकृष्ण प्रसन्न हो उठा। तभी शरद चटर्जी ने उसकी ओर रुपये बढ़ा दिये।

"यह क्या, गुरुजी?"

"तुम्हारा परिश्रम, रामकृष्ण।"

"क्या भगवान भी बिकाऊ होते हैं?"

"नहीं।"

"फिर, गुरुजी?"

"ये भगवान नहीं हैं। उनकी मूर्तियाँ हैं। कल्पना से बनायी गयी मूर्तियाँ हैं ये?" शरद चटर्जी समझाते।

"हैं तो भगवान की।" रामकृष्ण कहता।

"हैं या नहीं हैं, इसे कौन जानता है?"

"फिर भी, सब मानते यही हैं। ...सबका उनमें विश्वास है।" शरद चटर्जी की ओर हाथ जोड़ कर कहता, "गुरुजी, आप ये दोनों मूर्तियाँ ले जायें। मेरी बात रख ले। अपने शिष्य पर कृपा कर दें।"

अब शरद चटर्जी ने चुपचाप वे दोनों मूर्तियाँ उठा लीं। आशीर्वाद दिया। फिर चल पड़े। रामकृष्ण दूसरी मूर्तियों को वहीं, पेड़ के नीचे रखकर और पत्तों से ढँककर चल दिया।

जैसे-जैसे समय बीतता गया, वैसे-वैसे रामकृष्ण में परिवर्तन आने लगे। उसे लगा। वह बड़ा होता जा रहा है, परन्तु बचपन यथावत् बना हुआ है। वही भोलापन है।

पता नहीं कैसे उनके कानों में यह शब्द पड़ा—चैतन्य महाप्रभु है वह।

कौन चैतन्य महाप्रभु? एक दिन रामकृष्ण ने पुराण कथावाचक से सुना। पुराण में आए अलौकिक और आश्चर्यचकित करने वाले सभी चरित्र अमर हैं। वे पृथ्वीलोक के अमर भगवान, परमात्मा, देवता हैं। वे किसी-न-किसी में प्रकट होते रहते हैं। यही उनके जीवित बने रहने का प्रणाम हैं। अमर होने का साक्ष्य है।

रामकृष्ण लगातार सोचता। क्या उसमें चैतन्य महाप्रभु प्रकट हो रहे हैं?

रामकृष्ण ने सुना था। चैतन्य महाप्रभु को बाल्य अवस्था में

लड़कियाँ बहुत आदर देती थीं। उनके चपल सौन्दर्य से बहुत प्रभावित थीं। उनका श्रृंगार करती थीं। उनके साथ नाचती-गाती थीं। धीरे-धीरे वे एकाकार हो जाती थीं। उनमें और चैतन्य महाप्रभु में कोई अन्तर नहीं रहता था।

तब चैतन्य महाप्रभु में बाल कृष्ण गोपियों के साथ रास रचा रहे होते थे। नाच रहे होते थे। तब गोपियाँ न रहती थीं और न बाल कृष्ण कृष्ण। सब एक हो जाते थे। जैसे दूध में शक्कर और शक्कर में दूध। दूध में पानी और पानी में दूध।

एक युवती कहती, ‘‘रामकृष्ण आ गया है। ...इधर बैठो मुड़िया पर। ...तुम सब भी आ जाओ।’’

रामकृष्ण मुड़िया पर बैठ जाता। एकदम शान्त चित्त। मुस्कराता हुआ। युवतियों से घिरा।

‘‘आज रामकृष्ण, हम तुम्हें राधा बनायेंगे। कृष्ण तो कई बार बन चुके हैं। देखें, तुम राधा बनकर कृष्ण कहाँ तक रह पाते हो?’’ दूसरी युवती कहती।

रामकृष्ण चुपचाप बैठा रहता। उसे उनके साथ रहना और श्रृंगार कराना अच्छा लगता। तब उसे अपनी सुध-बुध नहीं रहती। न यह पता रहता कि उसे उन युवतियों ने कृष्ण बनाया है या राधा अथवा गोपिका।

तब उसे वे युवतियाँ देवी माँ लगती थीं। उनका स्पर्श उसमें कम्पन पैदा कर देता था। वह मन-ही-मन पुकार उठता था, ‘‘माँ ...माँ ...लो, मैं आ गया हूँ ...तुम्हारा बालक माँ ...तुम्हारा प्यारा ... नन्हा बालक ...मेले में बिछड़ा बालक।’’

तब रामकृष्ण में समुद्र की तरंगें उठने लगतीं। एक के ऊपर एक। सब कुछ समुद्रमय हो जाता। मात्र तरंगें उसमें नूतन करने लगतीं।

एक युवती कहती, ‘‘देखो तो रामकृष्ण में यह क्या होने लगा है?’’

"क्या होने लगा है, री? रामकृष्ण तो सीधा-सादा बैठा है। एकदम मूर्ति बना।"

"तो मुझे क्यों लगने लगा है कि वह काँपने लगा है?"

"जैसा सोचो, वैसा ही अनुभव होने लगता है।"

तीसरी युवती कहती, "यह सारा चित्त का खेल है।"

"मन का खेल है दी।" चौथी युवती कहती।

"किसी का खेल हो। खेल तो खेल है।" पाँचवीं युवती कहती।

"यदि सच्चे मन से खेला जाये तो?" यह कहकर रामकृष्ण खड़ा हो जाता।

"अरे अरे ...बैठो, रामकृष्ण, बैठो। अभी पूरा शृंगार नहीं हुआ है।"

"चिन्ता मत करो। माँ पुकार उठी है। ...शेष वह पूरा कर देगी।"

रामकृष्ण सीधा जंगल की ओर जाने लगा। सन्नाटा पाकर आवाज़ लगाने लगता, "माँ ...माँ ...मैं आ गया हूँ, माँ। तेरा राम भी, कृष्ण भी, माँ रामकृष्ण। ...बोल माँ, अब क्या आज्ञा है?"

सन्नाटा और तेज़ होने लगता। पेड़ के पत्ते हिलोरे लेने लगते। सारा जंगल समुद्र बन उसमें नाच उठता।

लौटते हुए रामकृष्ण तालाब के किनारे खड़ा हो अपने को निहारता। फिर चेहरे का शृंगार धीरे-धीरे मिटाता। हथेलियों से बारम्बार चेहरे का गीलापन पोंछता और घर की ओर लौट पड़ता।

रामकृष्ण को अपने पिता खुदीराम चट्टोपाध्याय के निधन का गहरा दुःख था। गाँव कामारपुकुर में वह इधर से उधर घूमता था। भावों में खोया अपने को नहीं सँभाल पाता था। घर में खाने के भी कभी-कभी लाले पड़ने लगे थे।

रामकृष्ण को शिवरात्रि को शिव की भूमिका में उतारा था। वह साक्षात् शिव के किशोर रूप में नज़र आ रहा था।

रामकृष्ण जटाधारी बना हाथ में त्रिशूल लिये बैठा था।

भक्तगण उसे नमन कर रहे थे। वे वहीं फ़र्श पर बैठते भी जा रहे थे।

घण्टे, घण्टियाँ, शंख ध्वनि के साथ शिवजी की आरती शुरू हो गयी। सब उठ खड़े हुए। सभी आरती भी गाने लगे—

जै शिव ओंकारा, हर शिव ओंकारा,
ब्रह्मा विष्णु सदाशिव अर्द्धांगी धारा।
एकानन चतुरानन पंचानन राजै,
हंसानन गुरुड़ास वृषवाहन साजै।
ब्रह्मा विष्णु सदाशिव जानत अविवेका,
प्रणवाक्षर में शोभित ये तीनों एका।
त्रिगुणात्मक की आरती जो कोई गावै,
कहत शिवानन्द स्वामी सुख सम्पत्ति पावै।

इस समय रामकृष्ण ऐसे भावावेश में आ गया कि उसे अपनी सुधबुध नहीं रही। वह यह भूल गया कि सचमुच वह शिवजी नहीं है। वह शिवजी की भूमिका निभा रहा है।

रामकृष्ण में किसी शक्ति ने प्रवेश किया। उसके मन और हृदय में किसी प्रभावी प्रकाश ने क़ब्ज़ा कर लिया। वह अपने सामने भक्तों के लिए साक्षात् शिवजी हो गया। उसका शरीर काँपने लगा। उसके सामने भगवान शिव की अलौकिक सौन्दर्य छटा छा गयी। उसकी विशाल आँखों में ज्योति जल उठी।

उसके सामने खड़े भक्त भयभीत हो उठे। उसके मुख-मण्डल और उसकी नंगी छाती लाल हो उठी। वह गर्जन कर उठा। उसने हाथ में त्रिशूल उठा लिया। वह कह उठा–

हर हर गंगे
शिव शंकर जटाधारी
अर्द्ध चन्द्र मुकुटधारी
सर्पन की माला पहने
काल कूट प्रलयंकारी
बम भोले शंकर बोले।

अचानक यह क्या हुआ? जिसने उसे तैयार किया था, वह भी घबरा रहा था। भक्त-दर्शक वहाँ से कूच करने लगे।

"मैंने पहले ही सावधान किया था। रामकृष्ण पर भरोसा मत

करो। उस पर किसी भूत-प्रेत की छाया है। आजकल वह अपने में नहीं रह पाता है। वह कहीं और खो जाता है।'' प्रधानाध्यापक ने कहा।

''ख़ेद है। मैंने आपके सुझाव पर ध्यान नहीं दिया। अति विश्वास को आधार बना डाला।'' शरद चटर्जी का स्वर था।

शरद चटर्जी का भूत-प्रेत, जादू-टोना आदि पर रत्ती भर भी विश्वास नहीं था, परन्तु इस समय उनका कोई ज़ोर नहीं था। होनहार बलवान मानने के अलावा कोई चारा भी नहीं था।

आश्चर्य तो तब हुआ, जब रामकृष्ण मंच पर गिर पड़ा। फिर वहीं लोटने लगा। यह कैसा भावावेश! है तो वह हृष्ट-पुष्ट, भला-चंगा, न कहीं से कमज़ोर और न मनोभाव से शिथिल। फिर वह ऐसा कैसे हो जाता है। अपने आप में नहीं रहता। किसी दूसरे के वश में हो खेलने लगता है।

रामकृष्ण की माँ चन्द्रमणि अब स्वतन्त्र थी। वह गण्डे, तावीज़, झाड़ा, फूँका आदि सब करवा सकती थी, परन्तु वह यह सब नहीं करवानी थी।

खुदीराम चट्टोपाध्याय अन्तिम समय में यह समझा कर गये थे, ''चन्द्रमणि, रामकृष्ण ईश्वर का वरदान हैं, वह साधारण बालक नहीं है। उसे साधारण मत समझना। न उसके विचित्र हाव-भाव देख घबराना। वह जो करे, करने देना। वह पाग़ल नहीं है। पाग़ल होता तो थोड़े समय

बाद भला-चंगा क्यों हो जाता है? क्यों स्वस्थ बालक-सा व्यवहार करने लगता है?''

पति का यह कथन उसे विवश कर देता है। वह अपने मन का भाव-विचार ताक पर रख देती है।

चन्द्रमणि का भोला भण्डारी आज भी उसकी गोद में लेट कर पूछने लगता है, ''माँ ...माँ, तू मुझसे नाराज़ क्यों रहती है?''

''नहीं रे, रामकृष्ण, ऐसा कुछ नहीं है। तू मेरा लाडला-सलोना पुत्र है।'' चन्द्रमणि उसके सिर को सहलाने लगती।

''लेकिन मुझे ज़मीन पर लोटते, ऊँचा-नीचा अनर्गल बोलते, हाथ-पाँव फेंकते सुनकर या देखकर तू घबरा क्यों जाती है?'' रामकृष्ण पूछता।

''हाँ, बेटे। यह सच है। तब मेरी ममता पर चोट होती है। ...क्योंकि तेरी उम्र के बालक ऐसा कभी नहीं करते हैं।'' चन्द्रमणि का स्वर पिघलने लगता।

''पर माँ, तब क्या करूँ। ...तब मेरे अन्दर कोई प्रवेश कर जाता है। यह सब वही करता-कराता है।'' रामकृष्ण इतना कहकर उठ बैठता।

''कौन प्रवेश करता है?''

''माता।''

''क्या मैं?''

“हाँ, माता।”

“यह तू क्या कहता है? मैं तो तब घर में होती हूँ, बेटे।”

“अवश्य होती हो, लेकिन एक सर्वमान्य माता भी हैं। सुनता हूँ, वह माता का रूप धारण कर अपने पुत्र को सँभाल लिया करती हैं, माँ।” रामकृष्ण धीरे-धीरे कह जाता था।

चन्द्रमणि साश्चर्य रामकृष्ण के मुखमण्डल को देखती रही जाती। उसने ऐसा किसी से सुना नहीं था। रामकृष्ण की आँखों में चमक चहचहाने लगती। उसके स्वरों में दृढ़ता आ जाती।

“अब तो नाराज़ नहीं रहेगी, मेरी प्यारी माँ।”

“पगले, माँ कभी अपने शैतान-से-शैतान पुत्र से नाराज़ नहीं रहती। फिर अपने मूर्तिकार, अभिनेता पुत्र से नाराज़ रहने को तो प्रश्न ही नहीं उठता।” तू तो मेरी आँखों का चाँद-सितारा है। मेरे प्राण है, पुत्र।”

“अब चलता हूँ, माँ।”

माँ चन्द्रमणि नहीं उससे पूछती। वह कहाँ जा रहा है?...” वह केवल इतना ही कहती, “जल्दी लौट आना। भोजन साथ-साथ करेंगे।”

रामकृष्ण चला जाता।

चन्द्रमणि की आँखें प्यार से उसे देखती रह जातीं।

रामकुमार चट्टोपाध्याय खुदीराम चट्टोपाध्याय का सबसे बड़ा पुत्र था। कामारपुकुर छोटा-सा गाँव था। प्रायः वहाँ से रोज़ी-रोटी के लिए बाहर जाना पड़ता था। इस कारण रामकुमार चट्टोपाध्याय गाँव छोड़कर कलकत्ता आ गया।

वहाँ एक छोटी-सी जगह किराये पर लेकर एक पाठशाला खोल ली।

पाठशाला में बच्चों के दाख़िले हुए पर कम। साधन-सुभीता तथा छोटा स्थान होने के कारण छोटी-सी पाठशाला बनी रही वह। उसने रामकृष्ण को बुलाना चाहा, लेकिन रामकृष्ण नहीं आया। वह छोटे-से गाँव में मस्त और स्वतन्त्र था। उसे अपनी स्वतन्त्रता नहीं खोनी थी।

रामकुमार की पाठशाला में विद्यार्थियों की संख्या में वृद्धि नहीं होने से उसका मन वहाँ से उचाट हो रहा था। उसने स्वयं घर-घर जाकर विद्यार्थी भेजने के लिए आग्रह भी किया था। उसका भी कोई ख़ास प्रभाव नहीं पड़ा।

रामकुमार ने यह भी प्रयत्न किया कि उसे किसी अच्छे स्कूल में अध्यापक का पद मिल जाये। वह सम्भव नहीं हुआ। जहाँ इक्का-दुक्का स्कूल ने उसे रखना चाहा, वहाँ वेतन बहुत कम था।

रोज़ कुआँ खोदना, रोज़ पानी पीना। जमा-पूँजी का अभाव। घर में खाने-पीने की चिन्ता। रामकृष्ण पाँचवीं सन्तान में चौथी सन्तान था। गाँव में छोटा-सा खेत था। वह तो लगते पानी के पास होने से फ़सल ठीक-ठीक दे देता था।

रामकुमार क्या करे? कोई ख़ास जान-पहचान नहीं। कलकत्ता बड़ा शहर। ख़र्च ज़्यादा, आमदनी कम। फिर भी उसने निश्चय कर लिया था। वह कलकत्ता नहीं छोड़ेगा। जैसे-तैसे गुज़ारा करेगा। चार पैसे बचाएगा। घर भी भेजेगा।

रामकुमार ने बहुत चाहा। कोई पार्ट टाइम काम और पकड़ ले, लेकिन कोई जुगाड़ नहीं बैठा था।

गाँव से रामकृष्ण की ख़बर उसकी चिन्ता और बढ़ा देती थी। उसमें भावावेश की लहर कम नहीं पड़ी थी। उलटे और बढ़ी थी।

रामकुमार समझ रहा था। रामकृष्ण को कोई रास्ता दिखलाने वाला नहीं है। वह बिना सोचे-समझे जो रास्ता सामने पड़ जाता, उसे पकड़ लेता हैं। पढ़ता-लिखता भी तो कम है। फिर भी उसकी पढ़ने-लिखने की पकड़ अच्छी थी। परीक्षा में अंक भी अच्छे पा लेता

था। पर उससे होता क्या? वह ढाक के तीन पात। समस्याएँ जहाँ की तहाँ। वे कम होने का नाम नहीं लेती थीं।

रामकृष्ण यह निश्चय नहीं कर पाता। उसने क्या सोचा है? वह क्या करना चाहता है? उसे भी इस बात का दुःख था। पर दुःख मनाने से होता क्या था?

क्यों नहीं अपने साथियों की तरह वह जी नहीं पाता? क्यों उसमें बैठे ठाले तूफ़ान उठता? क्यों वह उस तूफ़ान में घिसटता चल जाता! क्यों नहीं वह अपने पर अंकुश लगा पाता?

यदा-कदा रामकृष्ण गाँव से कलकत्ते आता। भाई के पास रुकता। वह अपने को लेकर कम परेशान नहीं था। वह विवश था। उसके सामने अन्य कोई रास्ता नहीं था। ग़रीबी अपना फ़न्दा डाले थी। उससे पिण्ड छुड़ाये नहीं छूटता था।

रामकृष्ण मानता था। उसे हवाएँ अपने साथ ले उड़ती हैं। माँ भी उसकी बेसिर पैर की मनःस्थिति से बहुत परेशान रहती थी।

समस्याओं का तोड़ घर में किसी के पास नहीं था। सब रास्ते की तलाश में थे। रामकृष्ण को ऐसा लगता था।

परसों रामकृष्ण को भावावेश का दौरा पड़ा। सारे गाँव ने देखा। उस समय रामकृष्ण रामकृष्ण नहीं रहता था। काँपता था बुरी तरह। वैद्य बता चुका था। रामकृष्ण को मिरगी का दौरा नहीं पड़ता है। सन्निपात भी नहीं है। तो फिर क्या है? कौन बताए? किससे पूछे वह?

ऐसा नहीं था। उसे ज्वार-भाटा आता है। रामकृष्ण यह समझने लगा था। पर ऐसे कैसे काम चलेगा? वह चाह कर भी उसे रोक नहीं पाता। कभी वह रोक भी पाएगा। वह यह भी नहीं जानता। वह रामकुमार से स्पष्ट करने लगा था, ''भैया, इसका कोई इलाज नहीं है। मैं थक-हार गया हूँ। वह आता है तो आकर ही हरता है। परसों आया था। पाँव में चोट भी दे गया। मैं खड़े से गिर पड़ा। ज़मीन पर लोटने लगा। यहाँ तक कि कुरता भी कई जगह से फट गया। ज़मीन पर कंकड़ थे। वे चुभे भी, लेकिन उस समय मुझे मालूम नहीं पड़ता था। उसे भावावेश उतर जाने के बाद चोटें पीड़ा देती थीं। सिर में दर्द होता था। कई दिनों तक वह भटकता रहता था।''

रामकुमार को यह डर भी यदा-कदा सताने लगा था। उसके पास रामकृष्ण को ऐसा हुआ तो वह कठिनाई में पड़ जाएगा।

रामकृष्ण भी यह नहीं चाहता था। इस कारण भी वह गाँव लौट जाता था। गाँव छोटा है। अभावों में जीने का आदी है। कम ख़र्च में गुज़ारा कर लेता है। अपनी पीड़ा के प्रति भी अनदेखी करने का अभ्यासी भी है। कारण, वहाँ आपस में प्रेम है। एक-दूसरे की मुसीबत में हाथ बँटाने की उसकी आदत है।

हालाँकि उम्र के लिहाज़ से रामकृष्ण से बचपन गुज़र रहा था, परन्तु बचपना आज भी अपनी जगह पर डटा हुआ है। उसको उम्र से नहीं तोला जा सकता है।

रामकुमार जहाँ रहता था, वहाँ सड़क पर चौकोर लैम्प थे। रात पड़ने से पहले उन्हें जलाने आदमी आता था। रोशनी का पीला रंग सड़क की आँखें खोल देता था। लगता कोई बीमार आँखें मलता जा रहा है। कभी-कभी वह खाँस कर अपने होने की भी तसदीक़ करा देता था।

ऐसे में कुछ बच्चे हँसते-खेलते से उधर से गुज़र रहे थे। रामकृष्ण को याद नहीं पड़ता। कभी वह भी उस दौर से गुज़रा है। हालाँकि वह लापरवाह ज़रूर रहा है। उसके ऊपर से बादलों के शावक अवश्य गुज़रे हैं—राह भटके बालक के समान।

आज रामकृष्ण को गाँव लौटना है। मन भारी हो रहा था। कबीर याद आ रहा है। इन्साफ़ का फ़रिश्ता। सचाई का पैग़म्बर। सिर्फ़ इतना भर कि चलती चाकी देखकर दिया कबीरा रोय। दो पाटन के बीच साबूत बचा न कोय। इसी के साथ आगे बढ़ जाता है धीरे-धीरे रामकृष्ण। लैम्प की पीली रोशनी की हदें पार करता हुआ सन्नाटा बीन रही सड़क से गुज़रने लगता।

अरविन्द अकादमी शहर का नामी स्कूल है। कलकत्ता का एक तरह से शिक्षा का केन्द्र माना जाता है। निरन्तर शैक्षिक प्रयोग-अनुसंधान की वहाँ पूरी सुभीता है। इससे जुड़ा शैक्षिक प्रशिक्षण केन्द्र भी है।

इस बार देश से बाहर का शैक्षिक दल वहाँ पहुँचा। शिक्षा के क्षेत्र में उपलब्धियाँ निस्सन्देह आश्चर्यजनक पायी गयीं। अन्त में सभागार में विदाई दी जा रही थी। बाहर से आए दल को। इस दल की प्रधान ड्यू (ओस) ने अपने भाषण में बहुत प्रशंसा करते हुए अचानक स्कूल के विद्यार्थियों से पूछा, ''आपके स्कूल का नाम क्या है?''

सभी ने हाथ उठा दिया। एक विद्यार्थी की ओर संकेत किया। वह खड़ा होकर गौरव से बोला, ''अरविन्दो अकादमी।'' फिर दूसरा प्रश्न किया, ''अरबिन्दो नहीं अरविन्द। अरविन्द के बारे में आप क्या जानते हैं?''

सभागार मौन। ड्यू को हैरानी हुई। उसने पुनः पूछा, "अरविन्द का कलकत्ते से क्या सम्बन्ध था?"

सभागार में फिर सन्नाटा। तब ड्यू ने प्रश्न किये, "रामकृष्ण परमहंस कौन थे? माता काली से उनका क्या सम्बन्ध था? रवीन्द्रनाथ ठाकुर क्यों प्रसिद्ध हैं!" ऐसे प्रश्नों का कोई उत्तर नहीं मिला। तब ड्यू को कहना पड़ा, "आप दुनिया के बारे में जानते हैं। लेकिन आपको अपने शहर के बारे में कुछ पता नहीं है।

जहाँ आप पढ़ रहे हैं और रह रहे हैं। शिक्षा का अर्थ तभी है, जब आपको अपने गाँव और शहर के बारे में लगभग पूरी जानकारी हो।" इस बात का उल्लेख उन्होंने अपनी रिपोर्ट में भी किया।

इस पर प्रिन्सिपल सुबोध दर ने सबसे पहले काम यह किया। रामकृष्ण परमहंस पर—दो वार्ताएँ करायीं। पहली उनके जीवन से सम्बन्धित—बचपन का लेखा-जोखा। दूसरी वार्ता रामकृष्ण परमहंस और काली माता का मन्दिर। काली मन्दिर की एक झाँकी।

आज काली माँ के मन्दिर के प्रमुख पुजारी आचार्य निखिल सान्याल आ रहे थे।

आचार्य निखिल सान्याल का यह पहला मौक़ा था। वह कभी किसी संस्था में नहीं बुलाये गये थे। विद्यार्थियों से कभी उनका सामना नहीं हुआ था।

रामकृष्ण परमहंस के प्रारम्भिक जीवन पर प्रोफ़ेसर दशरथ मुखोपाध्याय तीन दिन तक प्रार्थना सभा में बोल चुके थे। मन्दिर

के सम्बन्ध में आचार्य निखिल सान्याल का नाम उन्होंने प्रस्तावित किया था।

आचार्य निखिल सान्याल के लिए यह कठिनाई थी। वह बच्चों को ऐसा क्या बताएँ जो वह उनकी समझ में आ सके। वे परमहंस को समझ सकें।

आचार्य निखिल सान्याल कार में बैठे यह सोचे जा रहे थे।

अकादमी आ गयी। सभागार में प्रिन्सिपल सुबोध दर आचार्य निखिल सान्याल का परिचय देते हुए कह रहे थे, ''आचार्य जी

रामकृष्ण परमहंस की परम्परा से जुड़े हुए हैं। साधक और विद्वान हैं। वह रामकृष्ण परमहंस की गद्दी सँभाले हुए हैं। उनकी साधना-भक्ति, अनुष्ठान-विश्वास और प्रेम-त्याग की चर्चा स्मरण करायी जाती रही है। ...मैं उनको सादर सम्बोधन के लिए आमन्त्रित करता हूँ''

आचार्य निखिल सान्याल ने प्रिन्सिपल का आभार मानते हुए कहा, ''पवित्र विद्यार्थियो, आपके बीच में आने का मेरा यह पहला अवसर है। मैं आशा करूँगा, आप बीच-बीच में अपनी जिज्ञासा प्रकट करेंगे। ...हम और आप मिलकर यह यात्रा पूरी करेंगे।

मन्दिर उपासना स्थल है। जहाँ पहुँच कर मन को शान्ति मिलती है और दिशा-दृष्टि भी। स्वामी विवेकानन्द को वहीं से दिशा-दृष्टि मिली थी। उनकी दिशा-दृष्टि का मार्ग प्रशस्त करने वाले भगवान रामकृष्ण परमहंस थे।

भगवान के नाम से आप चौंकिए नहीं। जो अपने को पहचानने लगता है और दूसरों को उस मार्ग पर ले जाने में सहायक बनता है, वह भगवान है। भगवान रास्ते का संकेत देता है। उस पर साधक को चलना स्वयं पड़ता है।

इससे पहले मैं यहाँ वार्ता शुरू करूँ। मैं यह सोचता हूँ कि आप सबको मन्दिर ले चलूँ। मन्दिर रामकृष्ण परमहंस की साधना स्थली भी है और कर्मभूमि भी। क्या आपको मेरा यह प्रस्ताव स्वीकार है?''

सबने एक स्वर से इस प्रस्ताव पर सहमति की मुहर लगा दी। जिज्ञास सक्रिय हो उठी।

अब सबके सब मन्दिर में थे। उनका स्टाफ भी।

वही काली माँ का मन्दिर था। जहाँ रामकृष्ण परमहंस बने थे। जहाँ परमहंस से भगवान।

भव्य मन्दिर।

उसके पार्श्व में गंगा का संगीतमय प्रवाह। सरसराती गंगा को तैर कर पार करने वाली शीतल पवन। मानो आनन्द के पंख लग गये। सब सारस पक्षी से उड़ने लगे।

"इतना भव्य और ताज़गी भरा हर क्षण गुनगुनाता मन्दिर।" एक छात्र मानो झोली में भरे सुगन्धित चमेली, चम्पा, रजनीगन्धा आदि फूलों की वर्षा कर उठा हो। सारा वातावरण ही सुगन्ध से नहा गया हो।

उधर पेड़ों की टहनियों पर बैठी चिड़ियों ने चहचहा कर उन बच्चों का स्वागत किया। कोयल कूक उठी। तब निखिल सान्याल

ने सबको बताया, "वट वृक्ष की डाल पर बैठी वह काली चिड़िया कोयल है। वह दिन-रात काली माँ को अपने मधुर संगीत से रिझाती रहती है।"

सबने पहली बार कोयल देखी। इससे पहले सबने उसका नाम सुना था। जाना था कि वह सबसे मधुर गाती है। सबके चेहरे कोयल को देख-सुनकर खिल उठे। आश्चर्य से भी झूम उठे।

"यहाँ से आप विशाल काली मन्दिर की सैर करेंगे।" इससे आगे निखिल काली मन्दिर के बारे में बताने लगा–

अब आप सब काली मन्दिर के विस्तृत आँगन में आ खड़े हुए हैं।

ऊपर देखोगे तो आपको पाँच बड़ी गुम्बद दीखेंगी। उनके शीर्ष पर कलश सुशोभित हैं।

आँगन के दोनों ओर छह-छह छोटे शिव मन्दिर हैं। उनके शीर्ष पर भी छोटे-छोटे कलश हैं। उसके सामने बरामदा है। वहाँ एक वाटिका है। वाटिका में गुलाब, रजनीगन्धा और चम्पक के फूल

महक रहे हैं। उसके पास राधाकृष्ण का भव्य मन्दिर है। रामकृष्ण रोज़ उसको सजाते थे। टकटकी लगाए दर्शन करते थे। वहीं अतिथि शालाएँ भी हैं।

अब आप सामने से सीढ़ियाँ ऊपर चढ़ेंगे। यहाँ अन्दर काली माँ की भव्य मूर्ति है। काली माँ रेशमी बनारसी साड़ी पहनी हैं। आप सब कतारबद्ध दर्शन कर यहीं लौट आयेंगे।

मैं वहाँ जहाँ पाँच वट वृक्ष हैं। खड़ा मिलूँगा।''

''सर, एक कतार में पाँच वट वृक्ष किसने लगाये?'' एक छात्र ने पूछा।

''लगवाये तो माली से। सुझाव रामकृष्ण परमहंस का था। उनका पंचवटी नाम भी उन्होंने रखा था। यहाँ बैठकर भी काली माँ का ध्यान-उपासना करते थे।

''और सर, काली माँ के मन्दिर में।''

''हर समय ...पर दोपहर में इन वट वृक्षों के नीचे ध्यान और उपासना करते थे। उनमें से किसी एक वट वृक्ष के नीचे बैठकर। ...आप लोग उधर जायें। आपका नम्बर आने वाला है।''

जब सब विद्यार्थी काली माँ के दर्शन करके लौट आये थे, तब टीचर ने उनको आँगन में बैठा दिया था।

बसों के आने में देर थी। तब शारदा चट्टोपाध्याय ने पूछा, ''आचार्य, क्या यह मन्दिर रामकृष्ण परमहंस की इच्छा से बना है?''

"नहीं, शारदा जी, काली माता का मन्दिर रामकृष्ण परमहंस की इच्छा का परिणाम नहीं है। न उनकी प्रेरणा से वह बना है।" निखिल सान्याल ने कहा।

"तो? ...बहुत पुराना मन्दिर है। ...वह भी इतना विशाल!" शारदा चट्टोपाध्याय ने पुनः पूछा।

इस बार निखिल सान्याल ने कुछ सोचकर धीरे-धीरे कहना शुरू किया, "है तो पुराना माता काली का यह मन्दिर। एक अछूत महिला थी। उसने यह मन्दिर बनवाया था।"

"उसका नाम, आचार्य?"

"शारदा जी, रानी श्रीमती रासमणि। उसे स्वप्न आया था। गंगा के पूर्वीय तट पर मन्दिर स्थापित हो। ...कहते हैं, स्वयं काली माता ने स्वप्न में उससे कहा था।"

तब रासमणि ने घबरा कर, स्वप्न में ही काली माँ से कहा था, "माते, यह पाप मुझसे नहीं होगा।..."

"पाप...। कैसा पाप! क्या मन्दिर बनवाना पाप है? इतने मन्दिर क्या पाप का परिणाम हैं?"

"माते, ...चलो, मन्दिर बन भी गया तो कौन पुजारी-पुरोहित, माते, आपकी सेवा करेगा?" ...फिर बनवाने से... ।" कहते-कहते रासमणि रुक गयी।

"तू यह चिन्ता मुझ पर छोड़। तुझे जो कहा गया है, रासमणि, वही कर।"

"जैसी माते, आपकी इच्छा।"

यह मन्दिर रासमणि ने बनवाया। मन्दिर तो बन गया, परन्तु पुजारी बनने के लिए कोई ब्राह्मण आगे नहीं आया। रासमणि को चिन्ता ने घेर लिया। ...वह ब्राह्मण ...पुरोहित कहाँ से लाये? ...हमारे

यहाँ के धर्मभीरू ब्राह्मण आगे आकर अपने को अपनी जाति-समाज से बाहर होने के संकट में क्यों पड़ें? जबकि यहाँ प्रति माह वेतन भी मिल रहा था, लेकिन वेतन पाने के प्रति उनमें तनिक-सा भी लगाव देखने में नहीं आया। न माँ काली के प्रति श्रद्धा-भक्ति उनमें से किसी में नज़र आयी।'' निखिल सान्याल ने धीरे-धीरे कहा। बीच में वह सोचता भी रहा।

निखिल सान्याल को चुप पाकर शारदा ने पूछा, ''फिर, आचार्य?''

''रामकृष्ण का बड़ा भाई राजकुमार कलकत्ते में एक पाठशाला चलाने लगा था। उसके पिता नहीं रहे थे। घर की आर्थिक स्थिति बिगड़ चुकी थी। ...विज्ञापन पढ़कर वह सोचने लगा कि मन्दिर तो देख लूँ।''

रामकुमार मन्दिर देखने पहुँचा तो देखता रह गया। इतना विशाल मन्दिर! इतना भव्य। गंगा का तट। उसको अच्छा लगा, परन्तु जाति से बाहर होने का भय उसके भी आड़े आया।

तभी इस मन्दिर को बनवाने वाली रानी रासमणि सामने पड़ गयी। वह पूछने लगी, ''आप ब्राह्मण हैं न।''

''हाँ।''

''क्या देवी काली माँ छुआछूत मानती हैं? ...क्या उनके लिए कोई अछूत है। मुझे काली माँ ने स्वप्न में दर्शन दिये थे। मैंने कहा भी था—माते, मैं अछूत हूँ। मन्दिर तो बनवा सकती हूँ। रुपये-पैसे की कमी नहीं है।

माँ, आपने तो अब कहा है। मैं पहले से सोचती थी। मन्दिर नहीं, तो धर्मशाला बनवा दूँ। ज़मीन अपनी है, लेकिन उसमें ठहरेगा कौन? वहाँ भी उसे अछूत माना जायेगा। ...आप क्या कहते हैं?''

''पाठशाला चलाता हूँ।''

''क्या शिक्षा-कर्म भी छुआछूत में विश्वास रखकर करते हैं?''

रामकुमार सकपकाया। उसने एक अछूत लड़के को अपनी पाठशाला में प्रवेश नहीं दिया था। देता तो सवर्ण जाति वाला कोई

लड़का पढ़ने नहीं आता। बिना सवर्ण जाति वाले लड़कों के पाठशाला नहीं चलती। यह सोच वह चुप रह गया।

"समझ सकती हूँ कि...। फिर भी विनती करती हूँ। ...आप युवा हैं। अध्यापक हैं। आप आगे आएँ। ...क्या कहा था—चट्टोपाध्याय हैं आप! ...यानी ब्राह्मण हैं। फिर हिचकिचाहट क्यों? आप सारा मन्दिर अन्दर से घूमकर देख चुके हैं। मन्दिर में काले पत्थर से बनी माँ की भव्य मूर्ति है। माँ ने क़ीमती रेशमी बनारसी साड़ी पहनी हुई है। माँ के दोनों बायें हाथ में एक तलवार है और दूसरे में कटा हुआ सिर। उसके दोनों दायें हाथ में से एक में प्रसाद और दूसरे में अभय बने रहने का वरदान।"

"हाँ, हैं।"

"क्या आप मन्दिर में प्रवेश से अपवित्र हो गए?" रामकुमार को चुप पाकर रासमणि ने आगे कहा, "देवी माँ तो पापियों को शरण में आने पर उन्हें पाप दोष से मुक्त करती हैं।"

"हाँ, करती हैं।" रामकुमार ने कहा।

"फिर इतना सोच-विचार क्यों? ...आपको जगत् जननी माँ की सेवा का अवसर मिल रहा हैं, क्या यह उसकी कृपा नहीं है?" रासमणि ने तुरन्त पूछा।

"हाँ, है।"

‘‘यह माँ काली देवी का आदेश था—कोई युवा धर्म परायण मेरी सेवा में आयेगा।’’ रासमणि पूछ रही थी, ‘‘क्या वह युवा तुम नहीं हो, रामकुमार।’’

‘‘मैं माँ की सेवा करूँगा कल से।’’ रामकुमार के मुख से स्वतः निकल गया।

यह जानकर आश्चर्य होगा कि रामकृष्ण रामकुमार के इस निर्णय से सहमत नहीं था। वह कट्टर ब्राह्मण था। जाति-पाँति में पूरा विश्वास रखता था।

सब कुछ अकस्मात् हुआ। बड़ा भाई अगले वर्ष नहीं रहा। अब मन्दिर की व्यवस्था कौन करेगा?

जबकि ब्राह्मण समाज ने यह अफ़वाह फैला दी। माँ काली ने रामकुमार को इस बुरे काम में लग जाने का दण्ड दिया है। एक साल में ही मृत्यु हो गयी उसकी।

''तब रामकृष्ण परमहंस इस मन्दिर से कैसे जुड़े, आचार्य?'' शारदा पूछने लगी।

''भाई ने मन्दिर की व्यवस्था, पूजा-अर्चना ढंग से सँभाली ली थी। काली माँ के दर्शन के लिए सवर्ण जाति वाले आने लगे थे। सारे मन्दिर को गंगा जल से धोया गया था। हवन-यज्ञ हुआ था। उसके लिए एक समिति बनायी गयी थी। उसके सब सदस्य सवर्ण जाति के थे। यहाँ तक रासमणि स्वयं उस मन्दिर समिति की सदस्य तक नहीं बनी। उसने प्रार्थना की थी कि मन्दिर की गतिविधियाँ चलें। स्वयं माँ काली के आदेश से मन्दिर बना है। वही इस मन्दिर की सर्वेसर्वा हैं। वही आगे भी व्यवस्था करेंगी।

समिति वालों ने रामकुमार के छोटे भाई रामकृष्ण से बात की। वह मन्दिर सँभाल ले। उसके मन में यह वहम घर कर चुका था। उसके भाई की मृत्यु काली माँ के दण्ड से हुई। उसने मनाकर दिया।

समिति ने गुरु तोतापुरी के सामने यह समस्या रखी।

गुरु तोतापुरी ने कहा, ''क्या उसे मेरे पास लेकर आप आ सकते हैं?''

समिति के सदस्य चुप रह गये।

तब गुरु तोतापुरी ने कहा, '' उसके पास चल तो मैं भी सकता हूँ, पर एक बार आप लोग उसे यहाँ लाने का प्रयत्न करके मुझे बताएँ।''

समिति के दो सदस्य रामकृष्ण के पास पहुँचे। उससे बात की। गुरु तोतापुरी ने उसे बुलाया है।

रामकृष्ण ने कहा, ''यदि मन्दिर व्यवस्था की बात है तो मेरा उत्तर आपको मालूम है।''

''यह तो गुरु तोतापुरी ही बता सकते हैं।'' समिति के सदस्य ने कहा।

''ख़ैर जो भी हो। मुझे गुरु तोतापुरी से मिलने में कोई आपत्ति नहीं है। ...कब मिलना है और कहाँ?''

''अभी मिलना चाहो तो अभी हमारे पास गाड़ी की सुविधा है।''

''ठहरिए। मैं अभी आता हूँ।''

''आप चाहोगे तो हम आपको यहाँ भी छुड़वा देंगे।''

''कोई बात नहीं है।'' कहकर वह अन्दर चला गया।

थोड़ी देर बाद लौट आया। बोला, ''अपनी माँ से आज्ञा लेकर आया हूँ।''

अब वे तीनों गुरु तोतापुरी के सामने थे। गुरु तोतापुरी के चेहरे का तेज़ देखकर रामकृष्ण ने उनके पाँव छुए। आशीर्वाद मिला—संस्कृत के एक श्लोक से। वह बोले, ''पुत्र तुम राम भी हो, कृष्ण भी हो। प्रायः ऐसा होता नहीं है। ...एक ही राम भी हो और कृष्ण। मैं पहली बार सुन रहा हूँ, पुत्र। इन दोनों में एक युग का अन्तर है। ...तेरा भविष्य मेरे समाने है। तू क्या है? यह मैं तुझे नहीं बता सकता। जब तू जानेगा तो मुझे भूल नहीं सकता। ...तेरे भाई रामकुमार की असमय मृत्यु हो गयी। ...पुत्र, मृत्यु का कोई समय नहीं होता। उसका कारण जानना मात्र मन को तसल्ली देना है। श्रीकृष्ण की मृत्यु भील के एक बाण से हुई थी। वे तो भगवान थे। आज भी हैं। भगवान की मृत्यु कैसे हो सकती है? ...लेकिन हुई। यह हमारा मृत्युलोक है। यहाँ जो जन्म लेगा, उसकी मृत्यु सुनिश्चित है। मृत्यु कब होगी? कहाँ होगी? यह कोई नहीं जानता है। स्वयं भगवान को मृत्युलोक के स्थायी नियम का पालन करना पड़ा था।'' इसके बाद गुरु तोतापुरी चुप रह गये।

रामकृष्ण अचरज से सुनता रहा। उसका सोचना थम गया। वह केवल इतना ही कहा पाया, ''जी।''

''तेरा भाई अन्न भी खाता था। बाज़ार से सामान भी लाता था। उसे या तुझे क्या मालूम है? उस चीज़ को अछूत ने बोया, काटा था या ...किसी अन्य सवर्ण जाति वाले ने। अनाज, साग-सब्ज़ी लेते

हुए क्या कोई यह पूछता है! वह किसके खेत का है? क्या अछूत के खेत का है?'' गुरु तोतापुरी ने प्रश्न किया।

रामकृष्ण ने कभी ऐसा सोचा नहीं था। उसने कहा, ''नहीं।''

''इस मन्दिर में ईंट-पत्थर किसके बनाये लगे हैं? ...नोट में लगे रंग किसने बनाये। काग़ज़ के बनाने, उठाने, ले जाने में किस-किस के हाथ लगे।''

''नहीं।'' रामकृष्ण का उत्तर था।

''रासमणि ने रुपया-पैसा लगाया। मन्दिर बनाने तक किस-किस के हाथ लगे। काली माँ की मूर्ति लायी गयी है। बनायी किसने है? कौन जानता है इसे?''

''कोई नहीं।''

''मन्दिर माता काली का है। क्या सबको अभयदान देने वाली माता किसी के प्राण लेगी? ...क्या अन्य मन्दिर के पुजारी नहीं मरते?'' गुरु तोतापुरी ने प्रश्न किये।

''हाँ, गुरुदेव, हाँ, मरते हैं।

''तब?''

''आप सच कह रहे हैं।''

''तू सच का पालन करेगा या नहीं, पुत्र।''

''करूँगा, गुरुदेव, अवश्य करूँगा।''

''मैं जानता था। तू ही इस मन्दिर का पुजारी बनेगा। दूसरा कोई नहीं बन सकता। ...तू ही रामकुमार की मृत्यु के भ्रम का उत्तर देगा।

माँ कब से तेरी प्रतीक्षा कर रही है? तू नहीं जानता। यही तेरा भविष्य है। ...कब से माता काली की सेवा करेगा?'' गुरु तोतापुरी ने कहा।

रामकृष्ण कुछ नहीं सोच सका। अचानक उसके मुख से निकल गया, ''आज से, अभी से। घर लौटने से पहले।''

समिति के सदस्य से गुरु तोतापुरी ने कहा, ''जाओ, आदर से रामकृष्ण को ले जाओ। माता काली के दर्शन कराओ। उसे उसके चरणों में बैठाओ। ...श्रीकृष्ण मन्दिर में भी ले जाना। इसकी भक्ति माता काली, श्रीकृष्ण और महादेव तीनों का अद्भुत समन्वय बनेगी। कलियुग का अभिशाप हरेगी। ...जाओ, पुत्र। मेरा आशीर्वाद तुम्हारे साथ है।''

निखिल सान्याल ने कहा, ''इस तरह रामकृष्ण ने माता काली की सेवा शुरू की। ...बच्चो, तुम सब इससे सीख ले सकते हो। पर क्या?''

सब चुप।

निखिल सान्याल ने कहा, ''गुरु ऐसा मिलता है, तब कोई रामकृष्ण रामकृष्ण बनता है। तोतापुरी की तपस्या का प्रभाव था। उसने सीधे रामकृष्ण के मन को भीतर तक छूकर अपने वश में कर लिया।''

''लेकिन सर, रामकृष्ण तो जाति के कट्टर पक्षधर थे।'' एक छात्रा ने पूछा।

''यही तो आश्चर्य है। ...विश्वास को विश्वास जीतता है। ...सत्य की विजय सदा से होती आयी है। ...जाति मिथ्या है।'' निखिल सान्याल ने कहा।

''पर, सर, आज भी जाति हमारी पहचान बनी हुई है। हमारे जीतने-हारने का प्रमुख कारण बनी हुई है।''

''आचार्य, यह छात्रा मनीषा हाई कोर्ट के प्रधान जज की पुत्री है। ...जाति को नहीं मानती। न इसके पिता मानते हैं। तभी इसके नाम के साथ मुखोपाध्याय नहीं जुड़ा है। न इसके पिता के नाम के साथ।'' प्राध्यापक निर्मला राय कहती।

''रामकृष्ण गुरुदेव तोतापुरी की बात इतनी जल्दी कैसे मान गये?''

''यह ध्यान रखना चाहिए—गुरु को भी, शिष्य को भी। गुरुजी की तप-साधना मिथ्या भ्रम को उसी प्रकार तोड़ती-मिटाती है। जैसे सूर्योदय की किरणें ओस की बूँदों के मोती होने के भ्रम को दर करती हैं।'' निखिल सान्याल खखार कर आगे कहने लगे, ''मैंने भी गुरुदेव तोतापुरी के शब्द दोहराये मात्र हैं, परन्तु उनको कोई प्रभाव नहीं हुआ। शब्द शब्द में सिमट कर रह गये। उन शब्दों में तप-साधना का प्राण तत्त्व नहीं है। वे शब्द निर्जीव हैं—शव मात्र। ...सुना तो होगा ...जैसा गुरु, वैसा शिष्य।''

इसी समय अकादमी की बसें आ गयीं। सब विद्यार्थी कतारबद्ध होकर बसों में बैठने लगे। बाई बाई हुआ। हाथ हिले। बसें चल दीं। निखिल सान्याल को ऐसा लगा, जैसे सारस दल उसके ऊपर से गुज़र गया।

अगले दिन भी निखिल सान्याल को अकादमी जाना था। वह समझता था कि रामकृष्ण परमहंस में उनकी आस्था नहीं हो सकेगी। फिर उनमें उनके प्रति भगवान जैसी श्रद्धा का तो प्रश्न ही नहीं उठता। मात्र जानकारी पाने के। वह भी ड्यू के प्रश्न उठाने पर। फिर भी उसे अकादमी की यह पहल अच्छी लग रही थी। कम-से-कम बच्चे अपने गाँव-शहर से जुड़ने के प्रति जिज्ञासु तो हुए।

कार रुकी।

प्रिन्सिपल ने कार का दरवाज़ा खोला। अभिवादन हुआ। जैसे निखिल सान्याल ने अकादमी में प्रवेश किया, वह चकित रह गया। अन्दर एक तख़्ती टँगी थी। उस पर लिखा था—"प्रत्येक मनुष्य के अन्दर भगवान के दर्शन ही पूर्ण ज्ञान की प्राप्ति है।"

—श्री रामकृष्ण परमहंस

इसी प्रकार सभागार में रामकृष्ण परमहंस, रवीन्द्रनाथ ठाकुर, योगी अरविन्द और स्वामी विवेकानन्द के चित्र टँगे थे। उसके साथ उनका संक्षिप्त परिचय भी लिखा था।

अब निखिल सान्याल सभागार के मंच से सबका आभार व्यक्त कर प्रिन्सिपल की इस नयी पहल के लिए साधुवाद दे रहा था। ... वह बच्चों से पूछ रहा था, "''अब आप आज क्या चाहते हैं?''

सभागार में मौन की आँखें चमक उठीं। तब एक छात्रा ने खड़ी

होकर कहा, "श्री परमहंस जी के उनके समय की समस्याओं का समाधान।"

"यह जिज्ञासा प्रेरणाप्रद है। श्री रामकृष्ण परमहंस तो स्वयं ही अहिंसा, प्रेम, उदारता, मानवता और त्याग के साक्षात् जीवन्त उदाहरण थे। उनके सामने भी इनसे सम्बन्धित समस्याएँ आयी थीं। विशेषतया अहिंसा, प्रेम, त्याग से जुड़ी समस्याएँ।

मैं उनमें से एक समस्या का यहाँ उल्लेख करूँगा। उनके समाधान की भी चर्चा करूँगा। ...उन पर आपके सुझाव भी चाहूँगा। ...हो सकता वे सुझाव आज की परिस्थिति में अधिक उपयोगी सिद्ध न हों।"

निखिल सान्याल खखार कर, कुछ सोचते हुए आगे कहना शुरू किया—

प्रायः ग्वाले उस मैदान में गाय चराना नहीं छोड़ सके, जहाँ एक ज़हरीला सर्प रहता था। कारण उस मैदान में चारा सहज उपलब्ध था। घना भी था। खाने में स्वादिष्ट भी।

उस सर्प ने कई व्यक्तियों को डसा भी था। इस कारण लोगों ने उधर से जाना छोड़ दिया था, जिधर वह सर्प रहता था।

एक दिन उधर से एक बाबा जाने लगा। बच्चों ने देखा। वे वहीं से चिल्लाये, "रुक जाओ, बाबा। ...रुक जाओ।" उन्होंने पास आकर कहा, "बाबा, उधर एक ज़हरीला साँप रहता है। उसका काटा व्यक्ति पानी नहीं माँगता।"

धन्यवाद बच्चो, कोई बात नहीं। ...मुझे वह मन्त्र सिद्ध है। उससे वह सर्प मेरा कुछ नहीं बिगाड़ सकता।" यह कह वह बाबा आगे बढ़ गया।

सर्प ने बाबा को देखा। वह फण उठाकर बाबा की ओर दौड़ पड़ा। बाबा ने मन्त्र पढ़ा। उसे अपने वश में कर लिया। फिर उससे कहा, "सर्प बन्धु, तुम डसना छोड़ दो। ...क्या मिलता तुम्हें डस कर? ...मैं तुम्हें एक मन्त्र देता हूँ। इसका जाप करो—भगवान को भजो। तुम्हारा कल्याण हो जायेगा। आगे मनुष्य योनि भी मिलेगी।"

सर्प ने डसना छोड़ दिया। बच्चों ने देखा। वे उस सर्प को पत्थर मार देखने लगे। वह घायल होता रहा परन्तु उसने पलटवार नहीं किया। तब उनमें से एक दंगई बालक ने उसकी पूँछ पकड़कर उसे कई बार घुमाया। कई बार पत्थरों पर पटका, लेकिन उसने कुछ नहीं किया। वह अर्द्ध मूर्च्छित अवस्था में भगवान के नाम को रटता रहा। उसने रटना नहीं छोड़ा उसका नाम।

उन शैतान बच्चों को लगा कि सर्प मर गया है।

एक दिन वही बाबा उस रास्ते से लौट रहा था। उसने चाहा कि अपने मित्र सर्प का हालचाल पूछता चलूँ।

बाबा ने चारों ओर निगाहें घुमायीं। जानना चाहा। वह कहाँ छिपा पड़ा है? क्या वह उसके देय मन्त्र का पालन कर रहा है या वह अपनी मूल प्रवृत्ति में लौट गया है।

उसी समय बाबा की दृष्टि एक अर्द्ध मरे सर्प पर पड़ी। वह चौंका। वह ऐसी बुरी हालत में भी भगवान का नाम रट रहा था। बाबा ने उससे पूछा, "सर्प बन्धु, तुम्हारा यह हाल कैसे हुआ?"

"मैंने डसना छोड़ दिया। बच्चे यह रहस्य जान गये। वे मुझ पर पत्थर बरसाने लगे। मैं भगवान का नाम रटता रहा।

बाबा को पछतावा होने लगा। उसने उसे पूरी बात नहीं बतायी। बाबा कहने लगा, "सर्प बन्धु, तुम्हारी इस दशा के लिए मैं ज़िम्मेदार हूँ। ...मैं तुम्हें यह कहना भूल गया कि अपनी रक्षा के लिए फुँकारें मारना ज़रूरी है। आत्मरक्षा करना हिंसा नहीं है। ...बन्धुवर, मुझे

क्षमा कीजिए। मैं तुम्हें पूरा मन्त्र नहीं समझा सका।

अब शान्त सभागार से निखिल सान्याल ने विद्यार्थियों से पूछा, "आपको इस सम्बन्ध में क्या कहना है?"

तब कुछ इस प्रकार से उत्तर आये—

आत्मरक्षा पर आ पड़े तो कुछ भी किया जा सकता है। हिंसा भी...।

हिंसा आक्रमण का उत्तर देना नहीं है।

आक्रमण करना हिंसा है।

"मुझे प्रसन्नता है बच्चो, आप हिंसा और अहिंसा को समझ पाये। श्री रामकृष्ण का मत शाश्वत मान सके।" निखिल सान्याल ने कहा, "न अहिंसा निर्बलता है और न कायरता। वह साहस और वीरता का दूसरा नाम है। मुझे आशा है, आप अपने जीवन में इस पथ पर चलकर दिव्य अनुभूति पा सकेंगे। साथ ही श्री रामकृष्ण परमहंस का विश्व को यह सन्देश दे सकेंगे। ...जय भारत।"

इसके बाद उद्‌घोषक ने रमण, माधव, सरिता, मंजुला ग्रुप को मंच पर आमन्त्रित किया। साथ ही यह बताया कि इस ग्रुप ने एक तुकबन्दी तैयार की है। उसे बाह्यकार सहित प्रस्तुत किया जा रहा है।

तबला, ढोलक, बाँसुरी, हारमोनियम और सितार वादक परस्पर अभ्यास कर उठे।

वह ग्रुप गा उठा—

ज़िन्दगी का सफ़र ज़िन्दादिली का नाम है
असक्तों को उठाना वीरता का काम है।
प्रेम-त्याग-अहिंसा मानवता का नाम है
सेवा से हर्षाना कर्मठों का काम है।
विश्व को घर बनाना एकता का नाम है।
अन्धकार मिटाना यह दीपक का काम है।
कह गये परमहंस भगवान तुम्हारा नाम है
सच पर डटे रहना यह तुम्हारा काम है।
ज़िन्दगी का सफ़र...

सभागार तालियों की गड़गड़ाहट से गूँज उठा। चहुँ ओर प्रसन्नता की लहर दौड़ गयी। निखिल सान्याल रामकृष्ण परमहंस की कुटिया में आकर सोचता रहा। भगवान शो पीस नहीं हैं। मानव भगवान तब बनता है, जब वह आकाश, पृथ्वी, जल, अग्नि और वायु में जीवन्त हो उठता है। परमहंस काली माँ के चरणों में बैठे या राधाकृष्ण मन्दिर में अथवा पंचवटी के किसी वट वृक्ष के नीचे या अपनी कुटिया से गंगा को प्रवाहित होता देख कबीर के स्वर में स्वर मिला, उसे गा लेते थे या रैदास की गंगा को याद कर, आँखों से अश्रु प्रवाहित होते देख अपने मन को मना लेते थे यह कहते हुए कि मन चंगा तो कठौती (काठ का बना बरतन) में गंगा।